中国古代金属铸币章鉴

THE HISTORY OF CHINESE METAL SEALS

中国古代
金属印章史

曾杲 著

四川文艺出版社

图书在版编目（CIP）数据

中国古代金属印章史 / 曾杲著. — 成都：四川文艺出版社，2022.5
ISBN 978-7-5411-6347-0

Ⅰ.①中… Ⅱ.①曾… Ⅲ.①金属—印章—研究—中国—古代 Ⅳ.①K877.64

中国版本图书馆CIP数据核字（2022）第068301号

ZHONGGUO GUDAI JINSHU YINZHANGSHI

中国古代金属印章史

曾杲 著

出 品 人　张庆宁
责任编辑　叶　茂
装帧设计　叶　茂
责任校对　段　敏
责任印制　崔　娜

出版发行　四川文艺出版社（成都市锦江区三色路238号）
网　　址　www.scwys.com
电　　话　028-86361802（发行部）　028-86361787（编辑部）

排　　版　四川最近文化传播有限公司
印　　刷　四川新财印务有限公司
成品尺寸　148mm×210mm　　　开　本　32开
印　　张　8.25　　　　　　　　字　数　210千
版　　次　2022年5月第一版　　印　次　2022年5月第一次印刷
书　　号　ISBN 978-7-5411-6347-0
定　　价　88.00元

目录

曾杲

1969 年生

西泠印社社员

中国书法家协会会员

中国摄影家协会会员

四川省作家协会会员

四川省诗书画院特聘画师

四川省新联会书画院常务副院长

西蜀印社社长

《印·道》主编

中国国际非物质文化遗产节"印道"双年展策展人

央视书画频道教学节目主讲嘉宾

《书法报·书画天地》当代篆刻 30 家

主要著作

《曾杲篆刻——当代篆刻家自选作品集》

(四川美术出版社)

《中国戏画》

(中国世纪出版社)

《器物》

(中国摄影出版社)

《永远不说再见——曾杲篆刻作品集》

(西泠印社出版社)

《旧时月色——曾杲纯银铸造篆刻作品集》

(西泠印社出版社)

《通往未来的列车》

(四川文艺出版社)

《直觉——曾杲蟠条印作品集》

(西泠印社出版社)

《旁皇——曾杲金银篆刻作品集》

(西泠印社出版社)

序言

从艺道路是孤独而坎坷的，对于篆刻家来说更是如此。其孤独在于艺术创作所需要的独立与静思，在一定程度上，你很难获得同道与知音。而坎坷，则是创作过程中的艰辛和对知识不断地学习。在所有艺术门类中，篆刻无疑是与学术关系最紧密的一种，在某种意义上来说，一个篆刻家，还需要是文字学家、艺术史学家，在同等的时间容量内，势必要求篆刻家有更多的积累和学习，真正贯通，方能有成。

篆刻与艺术史和古文字的密切关系，是构成这门艺术形式的根基与土壤。脱离了对于艺术史尤其是印章史和古文字的研究，篆刻本身的基础便不再成立。对于印章史的研究，在很长的时间里都局限于一个很窄的范围内，很多历史学的手段并未运用到其中，这造成了充斥在印章史中的很多观点实际是臆造而成。至少在近代以前，关于印章史的很多论断都有谬误，需要不断进行修正。

在篆刻创作中，还存在一个观念更替的问题。自从元代吾丘衍等提出了"崇汉"的观念后，历代都将汉印奉为圭臬。从文化意义上而言，这没有什么问题，但在实际创作中，这种观念却带来了很大的干扰，这让历代很多篆刻家难以跳出藩篱，即便有所创新，也需要披着这层观念的外衣，让篆刻艺术不能坦然进步。

对于这种观念，丁敬早在清初便提出过不同意见，他说的"看到六朝唐宋妙，何曾墨守汉家文"其意便是打破汉印的常规，寻求更多样的创作形式。但囿于当时能见到的印章实物有限，且对于印章的断代、研究都还不深入，时人很难真正探寻到历代印章本来的样貌。丁敬的这种观点，跟随者寡，最后也不了了之。

对历代印章比较深入细致成体系的研究，还是在近代以后。这种研究的成熟，有两个先决条件，其一是清代乾嘉学派对于考据学的重视，形成了一定的风气，人们对于历史的真实不再出于臆造，而更愿意以实物来说话；其次是考古发掘，提供了大量的历史实物以供参考。

于是，我们可以看到，直到近代以后，方才可以说，人们对于中国历代的印章有了比较真切的认识。印章史以及印学史，也是在这个时候才丰富、完整起来。

但印章，毕竟是"小物件"，在历史中更多是以"证据"的形式出现，谈不上对历史的推动和对社会的影响。因此在主流的历史研究中，历代的印章并不太受重视，对于印章史的研究主要还是集中在篆刻家、古文字学家等群体中，尤其以篆刻家为主。这就形成了新的问题，即考察的视角不同，难以形成全局性的结论。篆刻家考察印章，主要是以其美学构成为主要考察因素，而古文字学家则单纯从文字入手，对于印章本身的研究皆有所欠缺。

曾杲的这本书，打破了这种藩篱，站在一个较高的角度，以构成印章的材料入手，运用了历史学的研究方法，详细梳理了历代印章的形制、制作方法和应用范围等，构建了关于印章在历史中流变的整体图景。

中国历代印章，在文人篆刻出现之前，金属是主要载体；在文人篆刻出现以后，金属的铸造印章也没有退出历史舞台，只是在实际使用中，更具体化，范围更细。以金属材料为切入口，其研究可以触及到以往印章史研究所难以碰触到的几个区域。其一，是印章的制作方式。曾杲在这本书中，详细地讨论了金属印章的铸、刻关系问题，对于印章史来说，算是具有总结性的，比较可靠的论断。其二，是印章运用的"公""私"问题。印章本身具有凭证、权力象征等功能，在历史中，印章也一直以这样的形态存在，但在以往的考察中，对于印章这种本质讨论得不多。曾杲在这本书中，结合历史背景，进行了大量分析，界定了各个历史阶段中，印章的本质性问题，这一点尤为可贵。其三，结合大量史料，讨论了印章的使用方法，打破了以往的一些固有观点，提出了新的、更符合历史实际的看法，这也是在印章史研究中的很大进步。其四，突破了印学研究中一直秉承的"崇汉"观，讨论了唐宋以来官印的美学构成以及对后世创作的影响。这一点在今天的篆刻创作中，具有非常积极的现实意义。

　　曾杲写出这样一本具较高水平的印学理论著作，足见其研究之深入，用功之深。这本书，不仅仅是他个人研究的成果展现，同样也是我们这个时代印学研究进步的展现，我很欣慰看到这样一位篆刻家在印学研究中的成长，也希望他未来能在印学研究、篆刻创作中，做出更多的成绩。

孙慰祖

2021.6.9于海上

引言

　　本书的撰写，源于我一段时间以来的艺术创作实践。

　　任何一个篆刻家，在学习篆刻的初始阶段，都是由汉印开始的，而在今天几乎所有的篆刻启蒙书，都会言明汉印多是铸造而成。于是，我便想在篆刻创作领域，恢复这种铸造印章的制作模式。从实践的本身而言，算是成功的。同时在其中，我也发现了不少问题。

　　这些问题引发了我的兴趣。我花了大约五年时间，在朋友的帮助下开始查阅资料进行研究。本意是想弄清这些问题的来龙去脉，但在研究过程中，却发现以往篆刻史的书写，似乎存在很大谬误，进而引发印学史的书写也存在诸多不合理。

　　最先让我产生疑惑的是汉印的铸、刻关系。事实上绝大多数汉印并非由铸造而成，而是通过镂刻的方式制成。那么前人为何会一再说汉印由铸而成？这种说法形成的原因是什么？

　　从汉印到篆刻，还要经历一千多年，而在这一千多年里，印章所代表的内容也在不停变化。从个体的身份凭证到官署的权力象征，更到后来发展成社会公认的信用载体。印章的发展历程也是历史前进的缩影。

　　无论印章是属于个人的还是属于衙署，其本质上都是"公器"，代表的是皇权之下的威严；而篆刻这门艺术形式，本质上却是私人的，只属于篆刻作品的创作者或者拥有者。这种由

"公"到"私"的变化，是印章泛化，成为社会公认信用载体后的结果。

在经历了数百年的传承后，篆刻创作的理论与实践都非常成熟了，在今天的篆刻创作中，艺术家都会遵循两个步骤，其一是印章的设计（撰写印稿），其二是镌刻。在非常熟悉的情况下，第一个步骤能有一定程度的简化省略，但镌刻这一过程是避免不了的。

在几乎所有的篆刻理论类书籍中，都认为镌刻这种手段所构成的作品是对"铸造"而成的汉印的模仿。实际上汉印的制造手段基本都是凿刻。倒是古玺朱文印与自隋唐开始的印章，多为铸造而成。

在经过几年的研究后，我对铸造印章产生了很大兴趣，也有了很深的认识。历来人们研究印章，多是从文字与印面表现角度切入，几乎还没有人从材料与制造手段上进行研究。与之同时，对于印章的使用，无论古玺、汉印还是后来的朱文官印，大多数认为其作用就是钤盖。这明显是与历史真实情况是相悖的。

于是我以材料和制作方式为切入口，对从古玺到明清的印章进行了梳理，在研究其制造方式的同时，也探讨了印章在历代的使用方法与关于印章的典章制度。

　　印学肇始于宋人的金石学研究，但印学开始受到重视则是因为篆刻这种艺术形式的出现。这就造成印学从一开始便被艺术家的个人理解所干扰。艺术与历史之间，始终是存在一定隔阂的，用艺术的方法论去研究历史，必然会出现方枘圆凿的情况。

　　回到篆刻的问题上再看，今天人们对于篆刻的认识，都是以汉印为根本，但考察实际的创作，汉印只能是一部分。以元朱文为代表的工稳类印章，其源头追溯是隋唐以来的官印，新派篆刻家的取法就更为广泛了。

　　单纯将目光放在汉印上，实是一种局限。今天的篆刻家们，在创作中实际已经避开了这个问题，但在理论上，还鲜有人明确指出。古往今来的众多篆刻家，在研究前人印章时，多只注意字形构成、分朱布白，却鲜有研讨印章制作方式的。但不同的制作方式，对印章效果的呈现，皆有不同影响。在漫长的历史长河中，铸造印章在很长一段时间内都是主流。因此以印章材料与制作方式为研究切口，重新梳理一下印章史，在当下也有其必要性和现实意义。

三千年印章，七百年篆刻

从印章的发展史来看，宋元之前的印章与文人篆刻并不能画等号。单论宋元之前的印章，应归属于历史学、古文字学范畴，而篆刻的归属，则应是艺术学。

但篆刻又是以印章为表现形式，其创立也是以学习前代印章形式为范本，因此当篆刻作为一个独立的艺术门类登上历史舞台后，两者合流，从此再难分割，

唐玄宗"开元"年号印

这种状态也直接影响到后人对篆刻的定义与创作。

终归，印章与篆刻，还是有其各自的概念分野。

在现存的印章实物中，最早可追溯到三千多年前的商周时期，但显然，印章的出现应比这一时期会更早，只是目前没有与之相佐证的实物而已。从商周到宋的数千年里，印章一直以身份象征、权力象征、信用凭证等形式存在，并未成为独立的艺术形式。在其制造过程中，对实用性的考量，要远大于对美学的考量。即便其中有一些具有今天美学概念上的审美内容存在，也是出于制作者无意识的创造，或者后人的附会。

直到今天，印章也未脱离实用范畴，不过也正是在实用范畴上的演化，开始让印章逐渐具有了艺术性，这其中书画鉴藏印就是印章向纯艺术过渡的契机。

　　唐初，在宫廷中建立了专门收藏艺术品的机构，但凡经皇帝看过的收藏品，都会加盖年号印章，作为内府收藏的记号。

　　《述书赋》[①]中就提到，唐太宗有年号印"贞观"，唐玄宗有年号印"开元"。依照书法载体——纸张——广泛应用的时间推论，鉴藏印的出现或应是在东晋至南北朝之间。

　　在隋唐之际用于书画鉴藏的印章，本质上还是实用品，但因钤盖于书画作品上，其艺术性需求自然得以凸显。在追求与书法艺术相协调的过程中，关于印章的审美也有了极大发展，这为之后篆刻的出现埋下了伏笔。

　　北宋的米芾（1051—1107，北宋书法家、画家、书法理论家，与蔡襄、苏轼、黄庭坚合称"宋四家"。）就在其所著《书史》[②]中，有了关于鉴藏印审美上的判断："印文须细，圈须与文等……大印粗文，若施予书画，占纸素字画多，有损于书帖。"

　　按照一般理解，到了元代，篆刻的基本审美理论才被提出，也是到元末才有文人真正开始着手于自己刻制印章，篆刻这一艺术门类才正式形成。虽然根据现有资料考据，这一时间

---

① 《述书赋》编撰于769年。上篇所述由上古至南北朝，下篇所述由唐太宗、武后以下。作者为唐代窦臮、窦蒙两兄弟。
② ［宋］米芾. 书史［M］. 郑州：中州古籍出版社，2013.

点可以前推百余年，但篆刻真正形成，还是要放在元代，至今七百年左右。因此对于篆刻的时间线的锚定，应该是七百年左右，篆刻史的书写，也应该遵循这一时间脉络。

被"制造"出来的艺术

在中国艺术史中，没有哪一门艺术像篆刻这样，拥有如此清晰的源流与传承。从宋代发端，元代形成，直到今天，篆刻这门艺术在发展历程中的每一个节点都被记录在案，何人发轫，何人创立，何人首刊……皆有详述，作为一个艺术门类而言，这种历史轨迹实是不太合常理的。

无论书法也好，绘画也好，细究其历史，都是社会群体审美发展到一定程度，然后在个别突出的艺术家身上体现，继而形成影响，流传后世。其传承脉络是清晰的，但形成的过程却是模糊的，不会具体到某一个体。

以书法为例，西周（前1046—前771）时期，人们开始以字书为范本，进行识字和书写训练。但直到西汉（前206—25）末年，书家的作品才为人们所收藏，这一过程的时间跨度，至少也在七百年以上。

在这一过程中，诞生出了很多书家，也正是因为这些书家的引领，逐渐形成规范，才最终使"书写"进入艺术范畴。"书家作品逐渐成为与字书并行的习字范本，而字书重在识字正字，书家作品最终成为习字的主要依据。"①

在关于篆刻发端的问题上，虽然有几种不同的说法，有言

---

① 丛文俊. 中国书法史·先秦（秦代卷）[M]. 南京：江苏教育出版社，2009.

米芾者，有言赵孟頫、吾丘衍者，但只是判断的不同，其落脚点始终在个体身上，大多数说法，也都未超出上述三人。

赵孟頫的《印史序》为汉印审美观的确立奠定了基础，他在这篇文章中说"汉、魏而下典型质朴之意，可仿佛而见之矣"，着重强调了汉、魏印章"质朴"的审美概念，直到今日，都被奉为圭臬。吾丘衍则是从技术层面更进一步进行了分析。

但细究之下，赵、吾二人的印学观点，并不单纯，在艺术之外还有许多别的心思，由此引出了对于篆刻这门艺术产生源头的思考——篆刻到底从何而来？对于这一问题的探索，则又会引发对于篆刻作品创作手段的思考。在元末以前，历史中的绝大多数印章都是金属材质，元末之后，石质印章才在文人中逐渐普及。材质与印章的制作方式直接相关，当以创作（制造）手段为切入点，对中国古代的印章进行研究时，一扇新的大门在我面前出现。

"复古"不古的赵孟頫

在中国艺术史上，赵孟頫是一个非常重要的人物，他在艺术创作上力倡"古意"。他曾说："作画贵有古意，若无古意，虽工无益。"

但这种"古意"究竟是他的艺术观念还是心底情节的投

射，尚不好说。中国文人都有着崇古尚雅的历史情结，总会将先贤奉为圭臬。而这种对于前代的推崇，究其根本，大多只是对现实无奈反抗的折射而已。

遍翻历史，历朝历代都有"祖宗之法不能变"的说辞。甚至就连近代的维新变法，都还有康有为假托古人，写下《新学伪经考》《孔子改制考》。

赵孟頫所处的时代与环境，能见到不少"古代"的书法、绘画，但这种"古"是否已经远及汉魏，还值得商榷。根据目前学术界的研究，赵孟頫在艺术上的范本，于书法而言更靠近两晋，绘画则是在宋画上的突破，加入了更多的人文元素。

赵孟頫的书画师承不明确，在史料中也只有零星的记载。元明之交的学者陶宗仪（1329—约1412，字九成，号南村，台州黄岩人。元末明初文学家、史学家。自幼刻苦攻读，广览群书，学识渊博，工诗文，善书画。）在其《辍耕录》①卷七之《赵魏公书画》中说："魏国赵文敏公（孟頫），以书法称雄一世。画入神品，其书，人但知自魏、晋中来，晚年则稍入李北海耳。尝见《千字文》一卷，以为唐人字，绝无一点一画似

----

① ［元］陶宗仪. 南村辍耕录［M］. 北京：中华书局，2004.

公法度。阅至后，方知为公书。……则知公之书所以妙者，无帖不习也。"

元代统治阶级以蒙古人为主，他们并不擅长文事，元代文化与宋代相比，可谓停滞乃至倒退的。有少量的突破也是社会环境的产物和对前代文化的继承。总体来看，元代文化是粗放而颓势的。

在汉族士大夫、文人的圈子里，自南宋以降，国事衰微，于文学、绘画、书法等文艺领域里又难免有"衰朽之气"，这些都是沉闷与压抑的。于是不难理解，为什么以赵孟頫为代表的元代的很多艺术家会提出"宗法晋唐，恢复古法"。

实际这是文人在元代压抑的政治环境中的反抗，名为复古，实乃以此为名进行的创新，这与欧洲文艺复兴的情形类似。

赵孟頫出身皇家，虽然其家庭在南宋末年已显贵不再，但文化上的传承一直保留，这也可以理解他为何崇尚古雅美。他的审美正是对于宋代以士大夫为代表的审美观念的继承。

赵孟頫的书法就是追溯晋唐之法，以二王为准则，其书学观的具体实践则是学习魏晋之法，把方向指向了二王。

曾有不少资料提到过赵孟頫曾随钱选（1239—1299，宋末元初著名画家，与赵孟頫等合称为"吴兴八俊"。他继承了苏轼等人的文人画理论，提倡绘画中的"士气"，在画上题写诗文，萌芽了诗、书、画的紧密结合。）学画，但遍观赵孟頫文稿，他在提到钱选时，都称之为"友"。这足以证明，他并未对钱选执弟子礼。赵、钱二人在绘画上相互影响是可能的，但关于其师生关系的描述存疑。

　　赵孟頫在绘画上的贡献，更多还是集中在理论。就实际的创作而言，并未与宋人有太大区别。赵孟頫一直反对宋代的院体画程式，而其中又主要指以马远、夏珪等人为主要代表的南宋画法。

　　对于南宋院体绘画的美学风格，李泽厚（1930—2021，哲学家、美学家，湖南宁乡人，主要从事中国近代思想史和哲学，美学研究。）曾经有宏观的概括。在《美的历程》中，他将之称为"细节忠实和诗意追求"。①

　　宋代的院体绘画，与其说是自由的创作，不如说是由艺术家参与的一项政治工程。对此李泽厚说："以愉悦帝王为目的，甚至皇帝也亲自参加创作的北宋宫廷画院，在享有极度闲暇和优越条件之下，把追求细节的逼真写实，发展到了顶峰。……与细节忠实并行更值得重视的院体画的另一审美趣味，是对诗意的极力提倡。"②中国传统绘画，在北宋才产生了明确分野，北宋以前的画家，更多被归于"工匠"范畴。

---

①②　李泽厚. 美学三书［M］. 天津：天津社会科学出版社，2003.

　　文人参与绘画很早，但一直未能成为主流。魏、晋、南北朝时期，已经有文人参与到绘画之中，但对当时的文人而言，这更像是一种游戏。虽然出现了顾恺之（348—409，字长康，东晋杰出画家、绘画理论家、诗人。顾恺之与曹不兴、陆探微、张僧繇合称"六朝四大家"。顾恺之作画，意在传神，其"迁想妙得""以形写神"等论点，为中国传统绘画的发展奠定了基础。）、宗炳（375—443，字少文，南朝宋画家。著有《画山水序》。）等卓有成就的文人画家，但始终文人绘画在此时的艺术史中，处于比较边缘的位置。直到唐末宋初，才有大量文人参与到绘画创作中。北宋的苏轼、米芾参与到绘画创作中后，借助他们的影响力，大力推动了文人绘画的发展。自此，绘画才成为"文事"之一。

　　直到元代，中国绘画史都是"画工画"占据绘画主流。今天美术界虽对宋画推崇备至，但实际两宋所设画院，却是将官办绘画发展到极致的形式。

　　对文人画家而言，技术与形式，是他们创作中要面对的问题。文人画家始终难以避免"文人精神多"而"绘画形式少"的创作局限，这种精神丰富但相对缺乏合适的表达形式，且技术层面和物质层面对应的问题也一直存在。赵孟頫在绘画上的突破也在于此，他的作品，极大丰富了创作的形式，但无论技法还是题材却也并未突破前人的藩篱。

　　因此，他艺术上的复古观，从某种程度上来说，也只是因

赵氏子昂

吴兴本家

赵氏书印

赵

赵孟頫印

孟頫

大雅

水精宫道人

天水郡图书印

欧波

赵

松雪斋藏书印

松雪斋

赵孟頫印

循继承，或者说，是他对于现实思考与感受在艺术理论上的体现而已。回到篆刻与印章的讨论范畴，赵孟頫对于此的论述，便更值得思考了。

在现有资料中，可以查阅到赵孟頫留下的印章不多，在《赵孟頫书画全集》中，收录的赵孟頫印章共计14方，这也是目前能见到的所有赵孟頫印章。

除"孟頫"一印为白文外，其余皆为朱文。其布局方式，印文书写，与同时代官印并未有太大区别，在艺术取向上仍沿袭宋代以来的清秀典雅意趣，并未见汉、魏印章中的恢宏质朴风格。由此，不由得对赵孟頫所说"复古"产生进一步思考，其所复之"古"究竟为何？

徐邦达对此也曾评述说："唐宋印记，其篆法大变秦汉之旧。主要用小篆而废弃缪篆，后来元代赵孟頫的所谓'圆朱文'，可以说还是唐宋之遗，只不过略加变化罢了。"①

吾丘衍的野望

在以印章艺术为核心的讨论中，吾丘衍向来与赵孟頫并

---

① 徐邦达. 略论唐宋书画上所钤的公私印记［J］. 印学论丛，1987.

吾丘衍所书"大德九年吾衍
观"及所钤"吾衍私印"、
"布衣道士"两方白文印

称。二者在艺术史、文化史上的地位不可同日而语，但在印学史中，吾丘衍的贡献却要大于赵孟頫。

赵孟頫的历史定格，是在国仇家恨与政治倾轧中挣扎的文人，终其一生来看，有很强的悲剧色彩。而吾丘衍的一生，则充满了浪漫主义色彩，他从未居于庙堂，但怀中才学并不输于朝堂诸公。甚至就连他的死亡，都具有传奇色彩。

吾丘衍（1268—1311），本名吾衍，亦作吾邱衍等，字子行，号竹房，又作竹素，别署贞白居士、布衣道士，为太末（今浙江开化）人，少时从父游太学，遂居钱塘（今浙江杭州）。他生于乱世，长期隐居在杭州生花坊，靠教授私塾度日。史载其博通百家，长于篆隶，诗效李贺。元武宗至大四年（1311）吾丘衍离世，未见遗骸，死因待考，多以为其投西湖自杀。

吾丘衍的书法和印章传世极少，今天能见到的，仅在杜牧的《张好好诗卷》后有篆书"大德九年吾衍观"七字款与"吾衍私印""布衣道士"两方白文印章。

陶宗仪在《书史会要》[1]中评述他："精于篆，专治李阳冰，律以《石鼓》，当代独步。"明代王祎（1322—1374，明代官吏、学者。字子充，号华川，与宋濂并称"浙东二儒"。著有《王忠文公文集》二十四卷、《大事记续编》七十七卷、《重修革象新书》二卷等。）在《吾丘子行传》[2]中亦评："子行工于篆籀，其精妙不在秦、唐二李下。"在文末，王祎又说："篆籀之学至宋季其弊极矣，子行始其说，以复于古，而赵文敏公实合之，其学乃大明。"因为王祎的这段话，后世一直有学者认为，是吾丘衍倡导篆书，得到赵孟頫的响应，才形成了元代篆书的复兴局面。

这一说法与实际情况有出入。这只是王祎对吾丘衍的褒扬。面对前贤，中国古代文人大多是不吝于赞扬的。就吾丘衍当时的社会地位和活动圈子而言，即便能对赵孟頫产生影响，也应该相当有限，更遑论让其成为拥趸。元代篆书的复兴，整体文化风气的"复古"倾向，还当是社会大环境所致。

吾丘衍社会地位不高，但才学确实出众。与他同时代的文人胡长孺，曾记载他著有《尚书要略》《晋文春秋》《楚史梼杌》《说文续释》《道书》《授神契》《卦气间中篇》等书，

---

① ［元］陶宗仪. 书史会要［M］. 北京，北京师范大学出版社，2016.
② ［明］王祎. 王忠文集·卷二十一［M］. 吾丘子行传，四库全书文渊阁本.

稍晚一些的宋濂（1310—1381，字景濂，元末明初著名政治家、文学家、史学家、思想家，与高启、刘基并称为"明初诗文三大家"，又与章溢、刘基、叶琛并称为"浙东四先生"，被明太祖朱元璋誉为"开国文臣之首"。）在《郙衍传》中又添加了《听玄造化集》《九歌谱》《十二月乐辞谱》《石鼓诅楚文音释》《学古编》《竹素山房诗》等书。但这些著作大多没有流传下来，今天在《四库全书》中所收录的吾丘衍著作唯有《晋文春秋》《楚史梼杌》《周秦刻石音释》《学古编》《闲居录》《竹素山房诗集》六书。

吾丘衍的学说对后世的影响都不大，但在印学上，他却是开先河的人物，其影响一直持续至今。在印学上，吾丘衍最有代表性的著述为《三十五举》，《三十五举》是吾丘衍《学古编》的上卷，此书作于元大德四年（1300），其时吾丘衍三十三岁，可见他在学术研究上较早已有很深的创获。

《三十五举》主要观点是求复古、溯汉风、变时俗，强调印章创作中分朱布白和工具材料的选择以及"正体意识"。具体而言，是主张以小篆为基础，利用《说文》，匡正唐宋以来文字与印式之乖谬。全书条列了三十五项有关篆法和治印的要点。前十七举主要谈有关篆书的品类、特点以及书写方法，后十八举则论及印章制度和作印的章法等。《三十五举》总体阐述了印章和与其有关的印章用篆的理论，反映了明显的崇汉观、分朱布白、工具材料和"正体意识"。

民国版《三十五举》书影

　　《三十五举》是一本比较纯粹的工具书，但囿于时代局限，其中有很多谬误之处，只是在"崇古"的氛围下，直到清代中期，也很少有人指出其中的问题。吾丘衍一直没有进入官场，就身份而言，具有更高的自由度，生活在民间，他对元代的统治，感受要更为深刻。元代的统治，是以强力压制为主，既没有如清代一样施行同化，也没有行过大规模的文字狱，民间依旧保有一定言论自由度。这就使得民间对统治的反抗精神和实际行动一直存在。

　　吾丘衍作为一个身处民间的汉族知识分子，自然具有反抗精神。他在诸多著述中体现的崇汉观、"正体意识"等，都是这种反抗精神与当时具体文化环境结合的产物。可以说，元代在文艺领域的"复古"主张实际暗合了汉族文人士大夫恢复中华"正统"思想，并以此来发泄对现实的不满。

　　吾丘衍在印学领域提出的诸多看法，实际就是他政治愿望在现实中的一种折射。这让其艺术观显得并不那么纯粹。可以说，后世以他和赵孟頫的诸多艺术观为指导进行的创作，实际上也是一种曲解。

被曲解的标杆

　　赵孟頫、吾丘衍之后，普遍认为，直到元末才由王冕、朱珪开启了文人治印的先河。但根据现有的研究发现，这并不符合实际状况。根据孙向群的研究，在宋代人们用石头刻印并不罕见，文人用石头刻印也不是从王冕开始。①文人篆刻，用石材作为主要材料，只能说是因王冕而得以普及。

　　宋代是我国金石学的第一个高峰，诞生了许多金石学家，

---

① 孙向群. 对宋代文人从事篆刻实践的进一步考察 [J] 印说，2004.

在史料中也不乏宋代关于古印的著述。文人收集这些古印，除了考据，还将其作为学习的范本。南宋著名金石学家王厚之（1131—1204，字顺伯，号复斋。南宋著名金石学家、语文学家、理学家和藏书家。）在其《汉晋印章图谱》第一部分的"官印篆式"后就有注曰："可见古人官印制度之式，又可见汉人篆法敦古，可为模范，识者自有精鉴。"按罗福颐（1905年—1981年，古文字学家，字子期，罗振玉之子。）的说法"考中虽有宋临川王氏汉晋印章图谱，然仅见木刻本，疑出后人伪托也。"但宋代金石学很繁盛，出现这样的印谱版本是在情理之中，且还有证据表明宋代已经有文人从事了篆刻实践，故本文不采信罗福颐观点。

从"汉人篆法敦古，可为模范。"一句可知，在宋代印谱已成为人们刻制印章的范本了，今天在零星的史料中，也可以看到宋代有文人亲自镌刻印章，①只是这些文人大多名不见经传，且作品没有流传下来，所以不为人知。但可以肯定的是"印宗秦汉"的实践，最迟在宋代已经开始。

由此，我们可以得出这样一个结论，即在创作上，以汉印为标杆，并非肇始于吾丘衍，但是吾丘衍因为自己政治思想的

---

① 孙向群. 对宋代文人从事篆刻实践的进一步考察［J］印说，江苏：苏州，2004.

投射，赋予了这种以汉印为标杆的创作方式精神内核，将其定义为正统。同时，这种正统的思想也与元代在文人士大夫之间风行的"复古"思想吻合，由此汉印成为篆刻标准的源头。从篆刻产生的初期来看，在艺术上，无论何种取法，并没有高下之分。但正因为这种"正统"的论述，让后世的篆刻家都以此为圭臬，并且在自己的艺术实践中，不断丰富这种创作形式，遂促成了后来汉印在艺术史中的崇高地位。

因此，篆刻实际上是一门被"制造"出来的艺术，只是在其发展过程中，被不断地进行优化，最终成为了今天的面貌。

虽然篆刻界都认为"汉印"是篆刻的源头，但在实际创作中，还是可以看到汉印之后的诸多印章形式对篆刻的影响。今天的工稳一路印风，除却鸟虫篆等出自汉玉印外，实际就是隋唐开始的朱文印章的遗风。

南北朝之后，因为纸张的广泛使用，印章的钤盖对象变化，白文印章已经不适用，为使字迹更清晰，朱文印章开始成为主流。不管是铸造制成也好，用金属丝盘曲也好，为使得印面字迹清晰，线条都是偏细的，这与汉印有了明显区分。同时为了使印面平衡，结字上有了更多盘曲，增加了部分线条排布的密度。

遍观明代开始的诸多篆刻家的作品，可以明显地看到他们的朱文印，就是在同时期的官印上的变化，两者可以找到很多共同点。可以明确地说，朱文篆刻作品就是对当时官印的模仿变化。在篆刻史上，白文朱文是齐头并进，同步发展的，因此并不能单纯的将篆刻源头全部归于汉印，篆刻朱文的源头也绝不是汉印。而囿于各种观念，对于隋唐以来的朱文官印，至少在篆刻史上是被忽略的，但殊不知这也是当今篆刻艺术的重要营养。

先秦：最初的光彩

　　夏商周三代，是中华文明的形成期，今天中华文明所具有的形态的基本特征都是在这一时期奠定的。夏朝太过久远，且没有实物发现，长久以来都只存在于文献资料中。商代与西周两代构建了中华文明的雏形，但具体的细节在晚清之前依旧模糊，直到甲骨文的发现，才让细节丰富了一些。从某种意义上说，东周在中国历史是更浓重的一笔，春秋和战国时期各种思想产生，持续影响至今，同时因为有相对数量较多的文献传世，东周在历史上的面貌也要清晰很多。但关于夏商周具体的断代则一直是历史上一个悬而未决的问题，直到2000年9月，夏商周断代工程结题，这一历史谜团才终被解开。

　　谜团的解开，意味着历史将以更清晰的面貌出现在人们面前，而历史研究的不断深入，也必然引发各种谜题的不断被解答。关于印章的历史研究，同样也经历着这样的过程。在印学史中，关于印章的断代，也是这门学科中第一个跨越时代的课题。

　　印章断代的问题，在元代被提出，一直绵延五百余年，直到清中晚期才被解决。

　　印章的断代，是印学的正本溯源，研究明晰后，解决了这一艺术形式源头和路径的问题。元代吾丘衍等倡导的印学观念，除崇汉观、正统思想外，还在很大程度上是因为这一时期的认识局限，限制了思想，对于秦、汉之前的印章根本没有认识。

　　吾丘衍就在《三十五举》中的第二十九举说："多有人依款识字式作印，此大不可。盖汉时印文不曾如此，三代时却又无印，学者慎此。周礼虽有玺节及职金掌，辨其美恶，揭而玺之之说。（注曰：印其实手执之节也，正面刻字如秦氏玺，而不可印，印则字皆反矣。）古人以之表信，不问字反，淳朴如此，若战国时苏秦六国印制度，未闻《淮南子·人闻训》曰：'鲁君召子贡授以大将军印。刘安寓言而失词耳。'"

　　在这段话中，吾丘衍提到"三代时却又无印，学者慎此"，被后人称为"三代无印说"。这一说法影响极其深远，直到清代吴先声（生卒年不详，字实存，号孟亭、石岑，工刻印。著有《敦好堂论印》《印证》。）《敦好堂论印》都还在坚持这种观点。站在篆刻学的角度来看，"三代无印"说不仅误导了印学理论研究，而且直接导致了篆刻艺术发展的不平衡。

　　历代都有不少学者反对这一说法，但对其认知的完全颠覆，还要到清代考据学的兴盛。这一问题解决后，先秦的印章被统称为"古玺"，成为与汉印并称的一个概念。实际这是一个相当粗疏的提法，其中还可以细分为三晋古玺、燕系古玺、楚系古玺、齐系古玺等，其上限可溯至殷商。

　　20世纪30年代，北京古董商黄浚（1891—1937，字秋岳，中华民国时期政客、古董商、汉奸。）就曾购得三方奇特的铜玺，传出自河南安阳。这是目前能见到的，确定时间最为久远

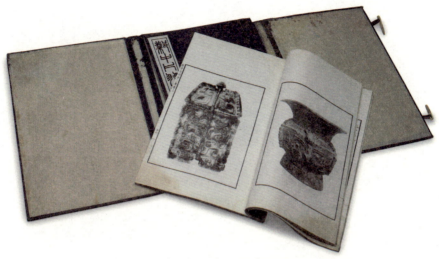

黄浚著《邺中片羽》书影

的古玺印章实物。1935年，黄浚
在其所著《邺中片羽》中著录了
这三方铜玺。

此后，这三方铜玺由著名古
文字学家于省吾（1896—1984，
字思泊，号双剑誃主人、中国古
文字学家、训诂学家。）所得，
他在自己1940年的著作《双剑誃
古器物图录》中，曾刊载了这三
方印章。再之后，这三方铜印先

于省吾著《双剑誃古器物图录》

三方传世古玺印蜕　　　　　　传世古玺印体及印面

后得到了胡厚宣、徐中舒、容庚、丁山、饶宗颐、董作宾等史学家、考古学家和金石学家的认同。其作为早期印章实物的观点亦为印学界、史学界所认可。但关于其具体断代尚有争议，目前也还没有充分的证据能定为商代作品。

除了这三方玺印外，20世纪中叶进行的诸多考古发掘中也发现了西周至春秋数百年中的印章实物，这些印章皆有准确出土地点。

1980年，考古工作者就在陕西省扶风县黄堆乡云塘村西周中晚期灰坑中发现了一组双联印，这套双联印由一绳状铜条衔接，两方玺印分别为三角形和长方形，印面纹饰简洁，与青铜器上的回云纹相似。

20世纪80年代初，陕西周原博物馆馆长罗西章还在扶风

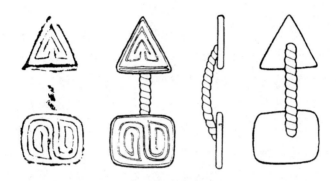

西周中晚期双联印

县庄白村一西周灰坑中发现了一枚方形铜玺，印面纹饰盘曲迁回，与青铜器上的凤鸟形相类。

上述这些玺印上的云纹、凤鸟纹均为西周时期典型的纹样。根据这些考古发现，印章实物最早可以追述到西周时期，因为其形制已经非常成熟，所以对其产生时间前推，到达商代是合理的。只是目前还欠缺准确的手段，来对其进行具体断代。

在秦始皇统一六国，下令"书同文"之前，各地古玺印章各有其地域特征和文化特征，具体表现为印章形制的多样，文字的绮丽多变。其以铜质为主，兼有陶、石、玉等质地。

第一个对"三代无印"说提出质疑的，是与吾丘衍同时代的俞希鲁（生卒年不详，元代文人，字用中，出身世家，学识渊博，当时京口之碑文，多请他作，时与青阳翼、顾观、谢震，合称"京口四杰"。），他虽然也认同汉、魏印章具有质朴、古雅的形式美，但并不接受"三代无印"的观点。他在给杨遵写的《杨氏集古印谱序》中说："予观《周官·职金》所掌之物，皆楬而玺之，郑氏谓：玺者，印也。则三代未尝无印，特世远湮没，非若彝器重大而可以久传者也。然则虞卿之所弃，苏秦之所佩，殆亦周之遗制欤？汉去古未远，其制作必有自来，斯谱之所以不易得也。盖亦录梓而行诸世，俾好事者得有所考焉。"①

在这段话中，他阐述了支撑其判断的依据。其一，他认为古玺印章是小物件，不如鼎、彝等大器，因此上古的玺印难以流传至今；其二，他认为汉代与上古的间隔并不久远，汉代的印章也并非凭空产生，一定有其由来。因此他提出了"三代未尝无印"的猜测。

今天再来看，俞希鲁的猜测都得到了历史的证实，但他的观点在当时并没有很大的影响力，同时俞希鲁本人对"三代印"也没有清晰的认识，不能够拿出相应的实物证据与文献资料来支撑其言论。因此，这使得他的"三代未尝无印"的

① ［清］朱象贤.印典［M］.北京：中华书局，2011.

猜测，无法形成定论。问题终究还是要留到后世再来解决。

到了明代，后人在对这个问题的理解上前进了一步，文人对印章起源的认识已经上溯到秦代。

明代文人沈明臣（1518—1596，字嘉则，别号句章山人，晚号栎社长。明朝诗人，与王叔承、王稚登同称为万历年间三大"布衣诗人"。著有《丰对楼诗选》四十三卷、《越草》一卷。）在《集古印谱》①序中就说："唯天子称玺者乃秦、汉故事。"

在《集古印谱》序中，他还讲了一个故事："议郎樊衡夷因张颖上鹊中印，其文为'忠孝侯'印字，乃上言尧、舜时旧有此官，然尧、舜时有此官，今虽无可考见，当时君臣乃辄为置官置印。由是以观，是三代未尝无印，而印玺尊卑通名，信矣。"

俞希鲁的"三代未尝无印"的观点在这里被他再一次提出。沈明臣通过文献资料对其进行论证，使得俞希鲁的猜测在此时期变成了一种质疑。

明初，大部分印学家依旧延续着元代"印宗汉魏"的观念。但在历史的演进中，人们对于印章的认识也随之加深，遂

① ［明］沈明臣.集古印谱序［M］.四库全书文渊阁本.

形成了一种新的思想观念——印宗秦汉，这时候的"印宗秦汉"印学观念，与清代的"印宗秦汉"，并不完全相同。

明代的"印宗秦汉"是一种史学观点，而清代的"印宗秦汉"更偏重于篆刻创作中的美学观点。明初"印宗秦汉"中的"秦"就专指秦代，这在王祎的《印谱题辞》中就有明确所指，他说："然而印玺之制，始自秦斯，由汉暨魏，率世尊代承。"①

可以看到，王祎已经认识到印章的代代传承，只是在起源上还归为秦代李斯，这大约和李斯在秦始皇命令之下主持"书同文"有关。同时，明人对于秦之前的印章也还没有明确认识。

明人认可了"汉承秦制"，将印章起源归于秦代，但对古玺依然没有明确认知，大部分人将古玺归类于"未识私印"和"杂印"之中，甚至将其归类于秦汉印章。这一观念，直到晚清时乾嘉学派的兴起，金石学大兴，以及出土古玺的日渐增多，才使得人们对古玺的辨识和研究能力日益加强，逐步能够准确地将古玺进行断代和分类。至此，"古玺"这一概念才真正有了较为确切的所指。

---

① ［明］王祎. 王忠文集·卷十七［M］. 四库全书文渊阁本.

关于古玺的猜想

目前，对于古玺的研究基本上分为形制、断代、印文内容、艺术风格等几个方面，对于其如何制造、应用，尚未见到有成体系的论述。这是由于在先秦文献中基本没有关于这些问题的具体论述，同时也没有关于这方面的实物出土。古玺如何制造、应用的问题，只能结合后世文献中对于汉印等的记载，进行一些推定。

安徽省博物馆藏"鄂君启金节"

"印者信也"，古玺作为一种信用凭证，是毋庸置疑的。但这种信用凭证如何得以展现，依旧是一个谜题。

现在对于秦汉之际印章的使用情况，主要通过封泥来考察。这与20世纪以来，大量封泥的出土有很大关系。王国维就认为，封泥用法主要有五种：用于竹简木牍等文件信函的封缄；用于罐、筒等储藏容器的封缄；用于土方工程的封标；用于封固门户；用于封守钱串。

　　以此推论，先秦古玺的用法大致也不会超过这几种情况。但若印信单纯用作封藏，定不会有这么多的封泥留下来。因为在物品解封后，封泥定将损坏。同时在社会交往中，也并没有那么多需要封藏的物品。因此，玺印的使用应该不止这几种情况。

　　在《周礼·地官·掌节》中有"凡通货贿，以玺节出入之"的记载。在郑玄的《周礼注疏》中对此的解释是"玺节者，今之印章也"，在同一条目下，还有关于"玉节、角节、使节"等的记载。对于各种"节"的形制、用途，在《周礼注疏》①中都有解释："掌守邦节而辨其用，以辅王命。邦节者，珍圭、牙璋、穀圭、琬圭、琰圭也。王有命，则别其节之用……守邦国者用玉节，守都鄙者用角节……玉节之制，如王为之，以命数为小大。角用犀角，其制未闻。凡邦国之使节，山国用虎节，土国用人节，泽国用龙节，皆金也……以金为节，铸象焉。必自以其国所多者，于以相别，为信明也。今汉有铜虎符。……门关用符节，货贿用玺节，道路用旌节，皆有期以反节……变司市言货贿者，玺节主以通货贿，货贿非必由市，或资于民家焉。……玺节者，今之印章也。……郑引之

---

① ［东汉］郑玄［注］，［唐］贾公彦［疏］，彭林［整理］.周礼注疏［M］.上海：上海古籍出版社，2010.

者，欲明汉时铜虎符本出于此也。凡通达于天下者，必有节，以传辅之。"

由此可见，此时的"玺节"与其余各种凭证并未有本质区别，只是使用范畴不同。而这些"节"的用法，绝大多数时候都只需要对相关人员出示即可。因此可以推定，这时的"玺节"在除却钤盖外，在某些时刻，也只需要对人出示即可。

古玺中多见朱文，朱文印章并不适合于钤盖封泥，因此其也有可能是钤盖于其他物品之上。后世的考古发现也对此多有印证。

1957年，长沙左家塘战国楚墓就曾出土过一件褐地矩文锦，面上盖有朱印。1982年，江陵马山一号楚墓也出土了一件盖有朱印的菱形锦面袍，同时出土的另一件对龙对凤纹锦袍以及塔形纹锦带上也都盖有朱印。这些朱印都系钤印而成，基于此，可将印色的使用时间上推到战国。同时这样大量的出土也表明印章钤盖于纺织品上在此时并非个例。是否可以推定，古玺在除却封泥的作用外，也有钤盖纺织品的用途？

基于此，我们可以推定，古玺的用法可以分作两端，其一是钤盖以作凭证，其二就是出示以作凭证。吾丘衍在《三十五举》中所说："印其实手执之节也。"也并非没有道理。

今天我们能见到的古玺印章实物相较于汉印并不多，同时由于文献的匮乏，对其研究是相当困难的。古玺印章的存留稀少，除却时代久远之外，也因为清代之前，人们对其并不重视，甚至有很多损毁的情况存在。清代之前，人们往往将古玺认作"未识私印"和"杂印"。

在明代，人们认为秦代是短命王朝，因此其历史遗留也被认为是不吉利之物，多有损坏。明代林俊（1452—1527，字待用，号见素、云庄，是明成化、弘治、正德、嘉靖四朝的老臣，著有《林见素文集》二十八卷。）在其《见素集》①中就记载了一则典故："陕西守臣进古玺，又梳其伪，谓果秦玺亦亡国废物，宜毁不留。"当时陕西的大臣进贡了一批古印，并对其进行了时代梳理和真伪分辨，而在众人认为这批古印为秦代之物后，其所采取的处理手法是将其全部销毁。后世黄宾虹在《古印概论》②中也有类似的描述："盖秦、豫以官印胜，齐、鲁以古印胜，小古印阔缘者，旧谱以为秦物，而不收大古印，以为废铜，销毁者多矣。"

在古玺的制作方式上，现在比较通行的认知，是其由铸造而成，但并未见有深入的论述。这种铸造而成的论调，也大多是基于前人的论述，缺乏实际的考察。这一言论的肇始，是吾丘衍在《三十五举》中的十九举中说："汉、魏印章，皆用白文，大不过寸许，朝爵印文皆铸，盖择日封拜，可缓者也。军

---

①　［明］林俊. 见素集卷十七［M］. 四库全书文渊阁本.
②　黄宾虹. 古印概论［J］. 东方杂志. 1930.

中印文多凿，盖急于行令，不可缓者也。古无押字，以印章为官职信令，故如此耳。自唐用朱文，古法渐废，至宋南渡，绝无知者，故后宋印文，皆大谬。"

后世都因袭这种说法，直到最近十数年，才有学者对此提出质疑。实际这种说法有很大问题。汉印无论何种，大多出于凿刻，这在后文中有详细论述。倒是古玺尤其朱文多是铸造而成，其中部分有凿刻修饰的痕迹。

古玺由铸造而成，大致有以下几个方面的原因。

其一，当时中国的金属铸造水平已经很高，能完成对于玺印这样精细物品的铸造。就其工艺特征而言，依旧采用陶模和陶范的铸造方式。

目前，在战国时期的青铜器铸造遗址中出土的相关器物已经印证了这一点。"制造陶范或陶模的土，都是经过仔细筛选的洁净细匀的粘土。因为如果土质不净，则精细的花纹就铸不出来，还会产生其他铸造缺陷。但是土不很牢固，受高热后容易开裂，这就需要在土中掺和颗粒很细的砂子，以改善其承受热力的性能和增加机械强度，使熔融的铜液灌注时陶范不致开裂和崩坏。不论是安阳殷墟、西周的洛阳和春秋时晋国的侯马等遗址中出土的陶范，都掺有不同程度的细砂。还有，在铜液灌入陶范时，会产生少量气体。气体如不排除，会在铸件上造成气孔，严重的会导致废品。所以陶范，特别是外层陶范，要适当地造成一些孔隙，改善透气性能。内层的范土较薄，而外层的范土则相当厚，掺的砂也多。增加气孔的方法是在土内拌一些切碎的麦秸，也有拌其他有机物，如谷壳等。"①

其二，虽然中国古代春秋时候就已经开始冶铁，但在汉代以前，铁器并未全面普及。由此推测，并非所有制作印章的场所在任何时间都有合适的工具。因此在部分古玺，尤其是白文上可以见到凿刻痕迹，朱文也有用刀修饰过的痕迹，而在另外一些古玺印中，却见不到类似痕迹。

我国古代开采的铜矿，往往在同一个矿脉中含有铜矿石和锡矿石，古人并没有办法将锡矿分离出来，甚至没有对锡矿的认知。铜与锡构成的合金就是青铜，硬度比铜大，而且铜和锡的混合物容易熔化、容易还原。后来为了冶炼方便，人们又开始在其中添加另一种重要金属——铅，最终形成了古代青铜为铜、锡、铅三者的合金。在青铜中加入铅的作用有两个：第一，进一步增加硬度；第二，"在液体铜内加铅会使液体金属的流动性增强，从而使铜汁与陶模陶范的接合更加紧密，使铜器上的文字与纹饰更加清晰。"②

近数十年来，研究古玺的著作、论文不胜枚举。关于古玺

①② 马承源.中国古代青铜器［M］.上海：上海人民出版社，2016.

的艺术风格、文献意义等在此不做更深入的探讨。如前所述，本章中探讨的问题除却对前人关于古玺的断代之外，还是集中于真实历史语境之下古玺的制作与应用。

汉：两汉法度

　　从公元前202年刘邦建汉，到公元220年曹丕篡汉自立魏国，汉代在中国历史上存在了四百余年，在中国古代，这是一个长寿的王朝。因为统治的时间长，汉代对中国文化的影响也最为深远。文字制度、文化制度都是在这一时期确立，很多民族精神与性格也来源于这一时期。汉代在先秦的基础上，将思想、文化进行了统一，今天我们所遵行的一系列文化制度和精神核心都来源于汉代。可以说汉代构建了今天中华民族的基础。

　　在印学上同样如此，在印学中汉印是最为重要的存在，也是篆刻领域的标杆。无论是操持何种风格的篆刻家，都或多或少学习过汉印。

　　在历史学领域，汉印也是重要的历史资料。汉代奠定了中华民族的基础，对后世影响甚为巨大。大量汉印的传世，为后世提供了众多关于历史记载的佐证，也丰富了历史文献中缺失的细节，成为人们洞见汉代历史真实与恢宏气象的窗口。

　　目前，印学界对于汉印的研究已经相当深入，各种论述甚多，但因为归属的学科不同，篆刻与历史学之间的屏障并未打通。尤其以篆刻而论，对于汉印的认知还存在一些误区。这些认识的误区，也给篆刻创作带来了一定的影响。

　　汉印作为篆刻创作的标杆，始于元代，在吾丘衍等的倡导之下，汉印成为篆刻审美的范本。此后在历代篆刻家的努力下，这种审美体系被不断完善，最终形成了今天篆刻的面貌。但需要注意的一点是，除却一些心理层面因素在其中的投射，实际上当汉印被定为美术学意义上的标杆之时，其已经部分脱离了历史语境中汉印的本来面貌。在篆刻学中，关于汉印的很多论述，也是源自人们的审美认知和诉求，与真实的历史存在较大差异。

汉印在诞生之初，并未被当作艺术品来看待，距离其成为艺术品还有一千多年的时间历程。在这一过程中，虽然印章的使用方式没有断绝，印章作为一种社会凭证，也代代相传。但这种传承之中却有很大的变革出现，变革之下，逐渐掩藏起了汉印本来的面貌，而且也给后世的认知带来了不小的误区。

在某种意义上，可以说汉印是印学的起点。在一般的研究之外，来讨论汉印的制作方式、管理方式、使用方式，将会有利于更进一步理解汉印，显露出不一样的但是真实的历史。

"臆造"而成的私印

今天在汉印的研究中，会有官印、私印的区别，带有官职名的被称为官印，而只有姓名、图案，没有官职的汉印则被称为私印。在对印章个案的研究中，都将两者区别开来，形成了两套不同的体系。这种划分方法无疑是简单粗暴的。同时"私印"这一提法在汉代实际是不存在的。在所有汉代的典籍中都没有私印的提法。汉私印的说法，最早可见于吾丘衍《三十五举》中的第三十二举，他在其中说："仆有古人《印式》二

汉"丁则私印"印面（右），印蜕（左），西泠印社藏

册，一为官印，一为私印。"

　　吾丘衍提出"私印"一说，或许因为在大量的汉印中常可以看到"××私印"这样的印文，但这些印章中的"私"字，并非与"公"对立，而是指自己。私字本意是私人拥有的"禾"，而后引申出"自我，非公共"的含义，在这些大量的汉印中的"私"字更多还是"自我"这一意义。因此其只是在表意上略有差别，而不能将其与"公共"这一概念对立。

　　《印式》一书未有流传，不好确定这是否为吾丘衍的托名之作；即便有此书，其成书的年代也不会超过宋，而宋代与两汉相隔也有千年，在当时缺乏实物证据，且没有文献辅助的情况下，这种说法臆造的成分应该大于实际的情况。

　　具体分析汉代的历史条件，实际也不具备大量私人拥有印章的情况。汉代的社会生产结构还相对原始，商业并不发达，所有的商业贸易基本都被世家、豪门所掌控，这就意味着社会上并没有太多的人际交往活动。同时汉代的教育也还没有普及，大量的知识也只在上层社会中传播，普通百姓没有断文识字的能力，自然也就没有对印章的认识。民间不具备使用印章的条件与基础，自然印章也就不会在民间存在了。

那么汉代"私印"究竟从何而来呢？或者说又以何种方式使用呢？汉印在钤盖之外，还有重要的一项功能，即"出示"以证明身份。按照历史条件而言，私印也应是这种使用方式。同时，官职固定，但存在一职多人的情况，这种事例在汉代非常多。汉代继承了秦代的官爵制度，如何区分相同官职名称的人员，也是一个非常迫切的问题，因此有没有可能"官印"是以表明持印人员的官职，而"私印"则是表明此官职之下，具体的个人？

后世对于汉印官、私印的划分太过教条，实际上到明清时期，在政府的公文上，依旧存在官员用私人印鉴代替官署印的情况。汉代社会经济发展还未到一定高度，可想而知更不可能有这样细致的划分。因此，可能所谓的汉"私印"实际也是"官印"的一个部分，只是存在于不同的使用场合而已。

同样还有值得重视的一点，在汉代之后，私印几乎不复出现，在南北朝、隋唐时期几乎没有私印出现，直到宋代方才出现了"押记"这种私印的形式。如果说汉代的私印已经到了比较高的水准，为何宋代的"押记"依旧有粗疏之感呢？

宋代纸张已经成为社会普遍使用的文字载体，伴随着科举制的推广，以及世家、豪门在历史上的消失，宋代社会有了广泛的识字率和庞大的市民阶层，商业活动也尤为发达，这才有了私印出现的条件和基础。

"汉私印"这种说法，实际是对汉印的曲解，"汉私印"实际是官印的另一种形式，两者绝不能区分开来谈，或者说"汉私印"这个概念，便是不存在的。也只有这样去理解"汉私印"才符合当时的历史条件与背景，让后面的各类讨论更符合历史逻辑。

汉印自镌刻来

以汉印的制作方式为研究对象，在艺术学和史学两个学科中出现了两种截然不同的看法。很多艺术学研究者以及众多的篆刻家，都判断"铸造"是汉印主要的制作手段，只有很少部分如"将军印"等急就章，是用凿刻方式制成。但在历史学界则基本都认为，汉印大多是凿刻而成，只有很少量的汉印是通过铸造制成。

造成这一情况的原因，主要是两者研究方法的不同。艺术学研究者和篆刻家，主要的研究材料是前人的论述及作品。尤其一些古代的论述，已经成为圭臬经典，其中谈到的很多问题，成为了基础概念。而历史学研究者，则更多通过实物以及正史中的记载为判断依据，并在研究过程中，不断推翻古人的一些错误。

吾丘衍在《三十五举》中的十九举中说："汉、魏印章，皆用白文，大不过寸许，朝爵印文皆铸，盖择日封拜，可缓者也。军中印文多凿，盖急于行令，不可缓者也。"

可见他在当时已经注意到将军印等印章的镌刻痕迹非常明显，显然再说其是铸造的并不合适，于是只能用事情的急缓来进行解释。但这种说法站不住脚，古代行军打仗，虽然也重视时间效率，但并没有急迫到这种程度，将领任命、军队集结、粮草调动、情报整理等，都需要大量的时间，在这种情况之下不管用何种方式来制造印章都是来得及的，急缓之由，也只是自圆其说而已。

究其原因，大概因为吾丘衍所见时人印章，多是铸造而来，推及同为金属印章的汉印，便也认为其是由铸造而成。况且当时印章制作，基本由工匠完成，吾丘衍本人实践操作的可能性不大，因此才有这种认知。

其实在史料中，凡涉及印章一事，也都是言刻印，基本没有说铸造的。在汉代的史籍中可以看到很多这样的论述，如《史记·留侯世家》载："汉王刘邦曰：'趣刻印'。"《汉书·孔光传》曰："已刻侯印。"《汉书·王莽传》载："臣请御史刻宰衡印章。"《后汉书·公孙述列传》曰："多刻天下牧守印章。"等等。

今天人们所能见到的汉印，尤其是官印，形制都非常统

"军假司马"印面（左），印蜕（中），印身（右）
日本岩手县立博物馆藏

一。结合史籍中关于汉印的颁发、使用等的记载，可以得出这样的结论——即当时的官印，都是预先成批铸出各型印坯。等到有需要的时候，即取用适合的印坯，再经过一系列程序后，由印工按规定运刀刻成。

对于汉印多以凿刻方式制成，其判断依据来自于印章实物。将军印一类印章其凿刻痕迹已经很明显，对其制作方式并无争议。

其余官印、私印，也多从印面上便可获得关于其制作手段的信息。如在这方日本岩手县立博物馆藏的汉印"军假司马"上，便可看到，其线条底部呈明显的"V"形，且在多处笔画的起笔处，有明显锐角，这与篆刻创作中在石上刻画所形成的痕迹一致。且笔画中段的一些弧度，明显是刻制形成。

铜的密度为8.9克/立方厘米，铸造时收缩比很小，在铸造中并不会在笔画上形成这样的弯曲。

"关外侯印"印面（左），印蜕（中），印身（右）
日本岩手县立博物馆藏

"部曲将印"印面（左），印蜕（中），印身（右）
日本岩手县立博物馆藏

　　类似例子还有很多，如同样出自日本岩手县立博物藏的一方"关外侯印"，其线质的凿刻痕迹更甚，刀痕显露无疑。尤其在笔画的头尾，皆可见很明显的凿刻痕迹。

　　还有如这方"部曲将印"，观察印面，除了能看到起笔处明显入刀的痕迹外，在笔画中间也能见到很明显崩裂的痕迹。这与今天篆刻时于石上产生的痕迹一致。因为青铜较为脆硬，在刀具的挤压凿刻过程中，产生这种类似于刀与石材碰撞产生的崩碎感，是完全可能的。由此也说明这方印章出自凿刻而非铸造。

还有一些证据可支撑汉印多由凿刻，而非铸造制成，即印文笔画的卷边现象。这一现象在古玺和秦印中更为多见一些，汉印中偶有所见。如这方秦印"旸（唐）适"，其笔画的卷边情况就非常明显。

这种现象很可能这是因为制作方式和工具的应用形成。在西汉以前，铁器的应用并不那么广泛，人们缺乏在铜上凿刻的硬质工具，很有可能就将铜加热，使其软化，直接用铜刀具凿。这一工艺流程在今天的很多金属器物制造中都还可以见到。

铜经过加热软化后，其流动性变强了，行刀到处自然会产生这种堆积感，就好像用木棍在沙地上画线，很自然的可以看

秦印"旸（唐）适"印面（左），印蜕（中），印身（右）

日本岩手县立博物馆藏

到沙子向线条边缘处堆积。古玺和秦印中这种现象的多见，也反向印证了汉代在金属工具运用上的进步。

在汉印中，线条底部除了如前述的"V"形外，还有很多呈"⌣"形，这可能是因为刻制汉印的刀具差异造成。今天在很多刻铜艺人处可见其常用的刀具，有刀口与篆刻刀类似的平口刀（单面开刃），也有三角刀和刀头略圆的弧形刀。用其在铜质材料上刻画，也确实速度快而精确。

从工艺角度来看，汉代以铸造制作印章是完全可行的，而且前代也不乏铸造的事例。但为何会选择凿刻呢？推测而言，原因主要有如下几点：

其一，汉时，因为印章的钤盖主要是在封泥上，白文印章便成为了主流，而在白文的制作中用刀刻，要比铸造更为简便。铸造朱文印章，只需要将印文处留空即可，而白文印章则需要印文处凸起，对制陶范、沙范来说，太过麻烦。参看今天的刻铜工艺，可以想见当时技艺熟练的印工，在印坯上刀刻白文的技术应当也非常迅捷、准确。

其二，镌刻的印章，相比铸造印章，精确度上要差一些，具有一定的偶然性，某种程度上来说，这样的印章防伪效力会更好。

其三，因为前代已经有了凿刻印章的先例，甚至在很多铜器上也有凿刻体现。如中国嘉德国际拍卖有限公司2020年秋季拍卖会上出现的一块秦诏版，便清晰可见其上文字是凿刻而成。汉承秦制，汉代诸多白文印章由凿刻而成，也可以看作是对前代工艺的继承。

并非仅为钤盖的汉印

在汉代，人们如何使用印章，到今天也没有非常准确的论述。普遍认为，是盖在泥饼之上，制成封泥，用以各类封藏。这一观点的产生或许与近代以来，大量封泥实物的出土有关。但这显然不能涵盖汉印所有的应用范畴。

中国嘉德国际拍卖有限公司
2020年秋季拍卖会上拍出的秦诏版
可见其字口有明显的凿刻痕迹

汉代的政治机制，先用道家黄老之说，政府的作用非常有限，汉武帝采用董仲舒"独尊儒术"的建议之后才逐渐转向外儒内法，但政府对民间的管控依旧比较有限，这涉及到政府组织结构、行政命令传达的速度等一系列问题。况且，很多文书布告等，并不需要封藏，反而要经手人员通读了解。根据以上情况进行推测，只有一定密级的文件需要封藏，但这些文件显然不会是官方民间交往的主流。

　　同时，史书中可以见到对汉印的形制、授予等都有非常详细的记录，其详细程度远在印章直接钤盖的记录之上。显然在古人的概念中，这些东西的重要性，要在印章钤盖之上。根据《周礼·地官·掌节》中的一些记载，我们认为，汉印在此时依旧具备类似"节"的功能，即有需要时由掌印人出示即可，并不需要钤盖。汉印存世量较大，在这样长的历史时间内，还有这样众多数量的保留，可以认为，这种"出示"式的使用，才是汉印在当时使用的主要方式？

1.封泥考据

　　封泥首次引起学界注意，是在清道光年间。清代吴荣光（1773—1843，字伯荣，清代官员、诗人、书法家、藏书家、岭南著名的书画金石鉴藏家。）在《筠清馆金石·并序》中就记载道："道光二年，蜀人掘山药得一窖，凡百余枚，估人贵至京师，大半坏裂。诸城刘燕庭、仁和龚定庵各得数枚，山西阁帖轩藏数枚，余不知落何处。"

　　在《筠清馆金石》中，吴荣光还摹写记录了"刚羝右尉""雒右尉印"等六枚泥封，这是封泥实物最早见于著录之所在。但当时吴荣光并没有意识到这究竟为何物，只是简单地推断"此汉世印范子，以泥杂胶为之"。

　　按照常理推断，在此之前应该也有封泥出土，只是人们认识不到，并未引起重视，因此不见典籍记载，直到清中期，考据学迅速发展，人们才开始认识到这些封泥的价值，因此才有著录研究。

　　吴荣光是最早著录封泥的人，但为封泥正名，以及准确解释其用途的，则另有其人。在吴荣光之后，另一清代金石学家刘喜海（1793—1852，清代金石学家、古泉学家、藏书家，字燕庭、燕亭、砚庭、吉甫，山东诸城人。）根据《后汉书·百官志》为这类遗物正名为"封泥"。《后汉书·百官志》中有"守宫令一人，六百石。本注曰：主御纸笔墨，及尚书财用诸物及封泥"的记载，但在这则记载中，并没有关于"封泥"质地与具体应用法则的描述。在数十年后，刘鹗（1857—1909，清末小说家、学者。）才在《铁云藏陶·铁云藏封泥》中说："泥封者，古人封苞苴之泥而加印者也。"

　　换言之，不管封泥的定名也好，还是对于其应用的解释也好，都是后人根据出土实物，再对照史书中的相关记载进行推测，至于其历史中是否真实如此，依旧值得怀疑，只是目前在没有更为贴切解释的情况下，暂且采信这一说法。

　　在封泥引起学界重视后，更多的封泥被发现。除却四川外，陕西、山东等地相继有封泥出土，关于封泥的著录也越来越多。在这一时期，四川、陕西出土的封泥以西汉、新莽两代为主，也有少量战国、秦代的遗物。山东所出泥封则跨越了多个时代，从战国到秦、汉，且以西汉早期为主。

　　今天能见到最早的封泥实物为《山东泗水尹家城出土封泥

考略》①中著录的一枚"罟虞"封泥，其时间约为西周晚期，在这篇文章中，作者将这枚封泥考释读为"兽虞"。

封藏简牍、抑盖玺印于泥上，在秦汉以及更早的典籍上，也有记载。如《周礼·秋官司寇·司民/掌戮》中就说："职金，掌凡金、玉、锡、石、丹、青之戒令。受其入征者，辨其物之恶与其数量，楬而玺之。"郑玄为其注云："玺者，印也。既楬书揃其数量，又以印封之。今时之书有所表识，谓之楬橥。"

楬，即类似于标签的简牍。结合文意，"玺之"便应指用玺印来钤盖、加封这些简牍。《周礼》中的这段描述，只是讲述封藏简牍的一个大概，在《吕氏春秋》等典籍中，则可以看到更详细的记述。

《吕氏春秋·离俗览》中有这样的记述："故民之于上也，若玺之于涂也，抑之以方则方，抑之以圆则圆。"涂，即泥土，方、圆的描述，

《山东泗水尹家城出土封泥考略》
中著录的"罟虞"封泥

---

① 马良民、张守林. 山东泗水尹家城出土封泥考略 [J]. 考古，1997.

则更具体阐释了将玺印抑盖于泥土之上的状态。《淮南子·齐俗训》中也有记载：　"若玺之抑埴，正与之正，倾与之倾。"埴也是指泥土，这段记载与《吕氏春秋》中的说法大同小异。

　　值得注意的是，这些记载，都只是描述了玺印的用途范围和部分材质，对于具体表现出的样式并没有记述。留下来这些封泥，是否就是古代人们对于印章使用的真实呈现，依旧需要更多考古发现的印证。

　　封泥的存世数量并不算少，而且跨越了很长的历史时期。今天比较通行的说法，认为封泥是当时官署集中弃置并焚烧封检（简）的部分遗存。① 但既然是封藏的印记，那么在封藏之物被打开后，封泥就理应损毁了，为何还能如此完整大量地保留呢？而且，在今天传世的封泥中，也几乎没有火焚的痕迹。

　　目前，学界并没有得出更令人信服的结论，因此才采用前人的说法，印章钤盖的功能是确定的，但或许其在当时呈现出的又是另一番状态吧。

2.汉印制度辨析

　　对于汉印使用之法的另一点怀疑，来自于史书中常见的关

---

① 杨广泰. 秦官印封泥著录史略［J］. 东方艺术，2013年.

于汉印授予的记载。

　　汉代因为中央集权的加强以及长时间的大一统局面，其对于制度的记述相较于前代丰富了很多。在《汉书》中，就可以找到对于汉印授予以及印制的详细记载。

汉代印绶制度表①		
官　职	**印　绶**	**备　注**
相国、丞相	金印紫绶	皆秦官
丞相	绿绶	高帝即位，置一丞相，十一年更名相国
太尉	金印紫绶	秦官，掌武事…… 成帝绥和元年初赐大司马金印紫绶
御史大夫	银印青绶	秦官，位上卿，掌副丞相…… 成帝绥和元年更名大司空，金印紫绶
太傅	金印紫绶	古官，高后元年初置
太师、太保	金印紫绶	皆古官，平帝元始元年皆初置
前后左右将军	金印紫绶	皆周末官，秦因之，位上卿
彻侯	金印紫绶	避武帝讳，曰通侯，或曰列侯

①　[汉]班固.汉书·百官公卿表[M].北京：中华书局，2007.

诸侯王	金玺紫绶	高帝初置……掌治其国
吏秩比二千石以上	银印青绶	光禄大夫无。秩比六百石以上，皆铜印黑绶，大夫、博士、御史、谒者、郎无。其仆射、御史治书尚符玺者，有印绶。比二百石以上，皆铜印黄绶。

　　除了"印绶"之外，在汉代史籍中还能见到对于印章规格、印文内容的明确规定。如东汉卫宏所辑，清代孙星衍校正的《汉旧仪》和《汉旧仪补遗》所记：

汉印形制表[1]		
印章名	**形　态**	**备　注**
皇帝六玺	皆曰玉螭虎钮	皇后玉玺，文与帝同
皇后之玺	金螭虎钮	
皇太子黄金印	龟钮	印文曰"章"
诸侯王印	黄金橐驼钮	文曰"玺"……
列侯黄金印	龟钮	文曰"印"……
丞相大将军黄金印	龟钮	文曰"章"……

① ［清］孙星衍等辑．汉官六种·汉旧仪［M］．北京：中华书局，2008.

丞相、列侯、将军金印		
中二千石 二千石银印	皆龟钮	其断狱者印为"章"……
御史大夫章 匈奴单于黄金印	橐驼钮	文曰"章"……
御史二千石银印	龟钮	文曰"章"……
千石、六百石、四百石	铜印鼻钮	文曰"印"……

根据上述史料，可以看到汉代对于印章制度的规范已经相对完备，这种完备也说明在汉代印章的使用绝不只是钤盖那么简单。否则仅需要对印文有所要求即可，不需要在形制上有这些规定。

需要注意的一点是，这些资料中所提到的"金印""银印"并不全都是由贵金属金、银制成。总计来说。近40年来，在各地的考古发掘中出土的金银质地汉印，大略有如下一些：

官印类的，河南出土的"关内侯印""关中侯印""平东将军章"，陕西出土的"朔宁王太后玺"，江苏出土的"广陵王玺"，云南出土的"滇王之印"等。

私印类的，广西出土的"如心"，长沙马王堆出土的"长沙垂相""轪侯之印"，宁夏固原县出土的"伏波将军章"等。相对于存世汉印的总数来说，这一比例很小。大部分两汉公卿、将军所用印章虽名为金印、银印，实则皆为涂金涂银，其基础材质依旧是铜。

考察这些记录，还可以发现很有意思的几点现象。

其一，并不是所有汉代官员都有印绶，在获得印绶的官员中，文职、武职皆有，根据现有史料还难以对其颁发印绶的标准进行评断。

其二，在"印"之外，还需要注意的是"绶"。"绶"在《说文》①中的释义为："韍，古文作市，鞸也……即佩玉之组……佩玉之系谓之璲。俗字为繸。又谓之绶。"在《汉语大字典》②中，绶的释义为：一种丝质带子，古代常用来拴在印纽

"广陵王玺"印身（左），印面（右）
南京博物院藏

---

①　[汉]许慎. 说文解字 [M]. 北京：中华书局，1963.

②　汉语大字典编辑委员会. 汉语大字典 [M]. 武汉：湖北辞书出版社，2006.

"朔宁王太后玺"印身（左），印面（右）
重庆中国三峡博物馆藏

"滇王之印"印身（左），印面（右）
中国国家博物馆藏

上，后用来拴勋章。此字的含义，古今几乎没有差别，都是系带。在《汉书》的记载中，专门对绶的颜色进行了说明，足以证明，印、绶应为一体，其使用上，也应是一同使用。

其三，印绶的划分标准并不统一，在一定级别之上可以看到都为"金印紫绶"而后才是"银印绿绶""铜印黑绶""铜印黄绶"。

　　根据这些记载，可以推论，印章在汉代更是一种身份象征，其使用范畴也更偏向于"出示"，否则难以解释为何大量的官员没有印绶，而印绶又有如此规格划分。

　　对于汉印的使用机制，还可以从官制史中寻找到答案。秦汉时期的官印，基本上都是官名印，并无官署印，通官正秩基本都有印。而隋唐的官印则以官署印为主，除了特殊使职，官员一般无印。官署印出现并代替官名印的原因是政府组织形态发生了变化。秦汉时，官员有印而官署无印，秦汉的各级官僚机构基本是以个人开府的方式组建的。隋唐之时，政府组织则开始了全面的机构化。

　　秦汉时官员需要印章以证明自己的身份，而到了隋唐之际，则没有这一需要了。官员的数量是肯定要大大超过官署部门数量的，这也从另一方面说明了为何今天传世的印章中，秦汉古玺的数量要大大超过唐宋印玺的数量。

　　关于汉印的制作，同样是汉印制度中非常重要的一个环节。在前文中，已经讨论了汉印铸、刻的问题，相对于铸造来说，刻的工艺相对简单，但这也并不是说任何一个职能部门或者个人，都有刻印的权力。汉代对于印章的刻制，同样有相当完善的规定。对于这一问题的研究，现在进行得比较少。进行过比较详细论述的，仅见于汪桂海的《汉印制度杂考》和日本学者片冈一忠的文章中。

　　西汉在早期实行分封制，在帝国内部存在很多诸侯国。最初诸侯国可以制作封国内部分官员的官印，因此这一时期官印是由中央和诸侯国制作的。后伴随着汉武帝将权力收拢，分封的诸侯国逐渐消失，官印的制作权力也逐渐收归中央。

　　在这之后，中央官印的制作是由御史中丞统筹管理。根据《通典·职官部》①的记载可以得知，西汉时御史中丞归御史大夫管辖。东汉时，御史中丞则归少府管辖。而刻印，即在御史中丞下辖官职的印曹的职权范围内。"两汉侍御史所掌凡有五曹，一曰令曹，掌律令。二曰印曹，掌刻印……"

　　目前，学界对于印章刻制的管理机构并无疑义，主要的分歧还在于印章由何种官署进行书写、设计。在这一问题上，片冈一忠认为："在尚书令史的指导下完成官印的文字样式，然后由御史大夫属下的御史中丞所管辖的五曹之一——印曹来刻印。"②汪桂海认为："官印先由兰台令史书署好印文文字，然后由印工依书写好的印文錾刻。"③笔者赞同汪桂海的观点。

　　兰台令这一官职，在史书中并不显眼，实际上其确实也是比较卑微的官职，但伴随着中央权力体系的变化，到后期这一官职是"位卑权重"，在汉代的政治体制中，有着非常大的影

---

① ［唐］杜佑. 通典·职官部［M］. 北京：中华书局，1989.
② ［日］片冈一忠. 中国官印制度研究［M］. 日本：东方书店，2008.
③ 汪桂海. 汉印制度杂考［J］. 北京：历史研究，1997.

响力。

西汉初期，兰台令史的设立，只是举劾吏民上书中字体是否周正的小官。

《汉书·艺文志》①载："太史试学童，能讽书九千字以上，乃得为史，又以六体试之，课最者以为尚书御史史书令史，吏民上书，字或不正，辄举劾。"

此外，《后汉书·百官志》②还载："兰台令史，六百石。本注曰：掌奏及印工、文书。"

可见在查验字体是否周正之外，兰台令史的另一个重要职能即掌"书印"。可以明确兰台令史负责印文的书写，然后再交由印工刻印。在《后汉书·祭祀志》③中有这样一则记载："二月，上至奉高，遣侍御史与兰台令史，将工先上山刻石。"

在这则记载中，可以看到汉光武帝即位告天时，派遣侍御史和兰台令史率领工匠先上山刻石。从以上可以看出，官印印文的书写是由兰台令史负责，但是刻印则是由印曹负责，而具体操作的人为工匠。

汉代持续时间很长，前后有四百余年，其政府机构职能也

---

①　［汉］班固. 汉书·艺文志［M］. 北京：中华书局，2007.

②③　［南朝·宋］范晔. 后汉书［M］. 北京：中华书局，2007.

一直在变化之中。本书中所讨论的问题都是普遍现象和规律，还是有不少个案与这些规律并不相符，但或许这些个案引发了后来对于印章制造使用模式的变革，就如对于印色的使用。关于使用朱色钤印的记载，史籍中最早见于《魏书·卢同传》①"若名级相应者，即于黄素楷书大字，具件阶级数，令本曹尚书以朱印印之。和《北齐书·陆法和传》②"法和不称臣，其启文朱印名上，自称司徒。"史籍中一般认为印色最早出现于南北朝。

　　现在比较通行的概念，是在隋唐时期，印色才成为印章使用的主要介质，这与印章应用范围与制造方式相关。但1973年湖北江陵的一座西汉墓中就出土过一方木印，位于墓主人的带钩处，印文一面刻"张偃"，另一面刻"张伯"。发掘简报称"张堰"印文中"有朱红颜色"，此墓中出土木牍纪年为汉景帝四年（前153）。前文中也谈到过关于春秋战国时于揭地矩文锦上钤盖印色的痕迹，至于更为深入的研究，还待后来者，本书只是提出一些疑问以及猜想。

---

①　［北齐］魏收. 魏书·卢同传［M］. 北京：中华书局，1997.
②　［唐］李百药. 北齐书·陆法和传［M］. 北京：中华书局，1972.

魏晋南北朝：魏晋遗印

　　魏晋南北朝，是中国历史上比较混乱、分裂的时期，汉代的大一统社会在此时被打破，北方的游牧民族不断南下侵扰，同时民族大融合也在此一时间出现。魏晋南北朝时期一直缺乏一个统一的中央政府，与少数民族的战争也是这一时期的主要社会矛盾。

　　社会的动荡与苦难，催生着社会方方面面的变化，但这种变化却又被持续不断的动荡所拖累，要么急功近利，要么尤为缓慢。

　　社会变革在这一时期的印章上也有体现。其一是社会发展速度相对缓慢，在很多问题上缺乏延续性；其二是中原文化对少数民族地区的影响加强。

　　这一时期的印章形制比较混乱，变化相对频繁，这是中央政权频繁更迭带来的影响。而迅速发展的少数民族首领的印章，则是这一时期民族融合的佐证。

　　魏晋南北朝从典章制度上而言，是对汉代的继承与发展，但其衍生出来的文化却和汉代展现出了完全不一样的风貌，如果说汉文化代表的是中华文明雄壮的一面，那么魏晋南北朝时期衍生出来的文化，则代表了中华文明阴柔的一面。此后在历朝历代中，两种面貌不停转换交融，最终形成了今天中华文明的样貌。

　　由此可见，魏晋南北朝时期，在中国文化史上也有非常重要的地位，这一时期形成的部分文化基调，其影响一直延续至今，而在之后"文士"形象或者说"文气"成为了延续两千余年的审美标准。这种基调在书画上的体现更为明显。

本书的主旨在于通过印章制作技术的流变来考察印章史以及篆刻史。在这一框架之下，印章的由白转朱，是最重要的转变之一，这一变化发生在魏晋南北朝。

这种转变发生的最根本原因，在于纸张进入社会的生产生活中。纸张的出现，取代了竹木作为书写介质的历史，封泥也因为纸张的出现，退出了历史舞台。印章为了适应在纸张上钤盖的需求，也由白转朱。

由白转朱，是最直接的表象；在这之下还有印制、用印方式等多方面的改变。中国的印章史以及篆刻史实际上有两个源头，一为汉印，这在之前已经有过论述，其二便是这一时期开创的朱文印，这对后世印章制度以及篆刻艺术，都有非常深远的影响。只是在篆刻体系中，一直被"汉印体系"的光辉所掩盖，至少在民国之前，没有像汉印那样被频繁提及。

钤盖在纸张上的印章，和钤盖在封泥上的印章是不同的，封泥上需要字迹凸显，印章只能是凹底。纸张上钤盖印章，若要字迹清晰，则需要印章文字凸起。但这一演进过程并不是一蹴而就，而是慢慢发展而来，直到隋唐之时，纸张才完成全面的普及，印章也才完全由白转朱。

以纸代牍

　　早在西汉早期，纸张已
经进入实用范畴，但这一时
期的纸张质量不佳，制作工
艺也不尽如人意，并没有得
到广泛的传播与推广。东汉
蔡伦改进造纸术后，纸张制
造技术得到了迅速发展，但
在农耕文明的大环境下，新
技术的推广并不会像今天这
样迅速，直到东汉末年乃至
三国时期，主要的文牍介质
都依然是竹木简。

敦煌马圈湾汉简

　　从考古出土实物来看，长沙等地发现过大量的吴简，在
湖南郴州也发现过西晋的官文书简牍。根据这些考古实物，可
以明确至少在三国、西晋时期，简牍依然是主要的书写载体。
而到东晋南朝时，实用性质的简牍文书几乎已经绝迹。虽然在
南京、南昌等地出土过一些东晋南朝时期的简牍，但这些简牍
大多出土于墓葬当中，且多为名刺一类。由此可以推定，这一
时期墓葬中的简牍只是随葬品，以之为名刺，只是为了通晓神
灵，可以断言东晋以后，纸张已经成为了书写的主要载体。

　　这一论断在历史典籍中同样可以找到充分的证据。最常被被引用的一条文献，就是桓玄（369—404，字敬道，东晋权臣，大司马桓温之子，桓楚开国皇帝。）于东晋元兴二年（403）颁发的一条诏令："古无纸，故用简，非主于敬也。今诸用简者皆以黄纸代之。"①同时他还诏命"平准（淮），作青赤缥绿桃花纸，使极精，令速作之。"②

　　通过这些文献，可以知晓当时除黄纸外还有青、赤、缥、绿、桃花等多种颜色的纸张，足见当时造纸术已经非常发达。在桓玄颁布这条诏令之后，官场文书普遍用纸，简牍逐渐退出了历史舞台。宋末元初著名学者胡三省（1230—1302，字身之，宋末元初史学家。）就说："（三国时）犹用版诏，至晋时则有青纸诏矣。"③

　　除了诏书外，晋时的奏章也已开始使用纸张，如《晋书·张华传》就记愍怀太子"启事十余纸"；《晋书·孙惠传》记东海王越"造表"，"坏数纸不成"；《晋书·王浑传》记晋惠帝在元会上对郡国计吏"授以纸笔，尽意陈闻"。

　　纸张的使用，在这一时期还逐渐向外传播。晋室南渡后，留在北方的少数民族政权，其诏书大多也使用纸张。十六国时

①　[清]张英等.渊鉴类函[M].上海：上海文艺出版社，1996.
②　[宋]李昉等.太平御览[M].北京：中华书局，2000.
③　[宋]司马光.资治通鉴·卷五七[M].北京：中华书局，2012.

期后赵的皇帝石虎就曾下诏："魏始建九品之制，三年一清定之，虽未尽弘美，亦缙绅之清律，人伦之明镜。从尔以来，遵用无改。先帝（石勒）创临天下，黄纸再定。"①北魏崔鸿《前燕录》中也有记载："慕容俊三年，广义将军岷山公黄纸上表。俊曰：'吾名号未异于前，何宜便尔？自今但可白纸称疏。'"可见十六国时期的政权也已经把黄纸作为官方用纸。少数民族政权对纸张的使用，应该是受到西晋诏书已用纸张的影响。

　　根据出土实物来看，魏晋南北朝时期的造纸术是直接继承两汉麻纸技术发展起来的，但相比之下，此时的纸张生产，无论在产量、质量等方面，都有很大提高。东晋时期纸作为书写介质出现，可以推定，纸质文书应当已经采用纸质信函封缄，但或许因为纸质信函不易保存，所以今天还不曾出土过东晋的文书封泥，也未见到信函实物。

印随纸变

　　在中国历史上，纸张的迅速普及，带来的影响是非常深刻的。在印章史中来进行讨论，则可以看到，其彻底改变了中国

---

① ［唐］房玄龄等. 晋书［M］. 北京：中华书局，1974.

印章的形态与使用模式。

如前文所述，盖在封泥上的印章，为了使字迹凸显，需要阴刻，盖在纸上则是白文，而当纸张普及后，为使印章醒目，阳刻取代了阴刻，以朱色钤盖于纸上，形成朱文。虽然印色的使用在此之前的考古活动中已经发现，但真正广泛使用，还是从这一时期之后。

文献中可找到多处南北朝钤朱用印的例证："书以朱印印之，明造两通。一关吏部，一留兵局……奏出之日，黄素朱印，关付史部……别录历阶，仰本军印记其上，然后印缝。"① "梁元帝以法和为都督，郢州刺史，封江业县公。法和不称臣，其启文朱印名上自称司徒。"②

在这两条文献中，第一条所谓"印缝"是这一时期印章使用中一个不同于以往的特征，并且影响后世。"印缝"与今日"骑缝章"性质相同。魏晋南北朝时，由于造纸技术的局限，纸张的尺幅较小，一件公文有时需用数纸才能撰写完成。公文成文后，将数纸按顺序首尾相连，粘联在一起。为防止抽换作伪，在首尾的接缝处，要骑缝加盖印章，称"押缝"（骑缝）制度。这一制度为纸张成为公文载体后魏晋南北朝时期首创，

---

① ［北齐］魏收撰. 何德章修订，魏书［M］. 北京：中华书局，2017.
② ［唐］李百药. 北齐书［M］. 北京：中华书局，2003.

并为此后历代所沿用。

　　"……今请征职白民，具列本州郡县三长之所；其实官正职者，亦列名贯，别录历阶。仰本军印记其上，然后印缝，各上所司。统将、都督，并皆印记，然后列上行台。"《魏书·卢同传》中的这则记载，也说明了北魏明帝时期，印章开始应用于文书两纸的接缝处，用以防伪。

　　在南北朝之前的官印，虽然其用法已经转变为钤朱使用，但印章本身则一直保留着汉晋以来的白文官印传统。值得注意的是，魏晋南北朝私印中，朱文印的比例明显上升。特别是一些辟邪纽的阳文套印，制作尤为精细，很有可能是当时的实用印，从一定程度上反映出当时以朱文印钤朱于纸张的用印方式。

　　朱文印章要到南北朝之后才成为主流。明代甘旸（明代篆刻家。字旭甫，号寅东，成《集古印谱》五卷，内附《甘氏印正》《印正附说》等）说："六朝印章因时改易，遂作朱文、白文，印章之变，则始于此。"①罗福颐在其所著的《古玺印概论》中也提到"南齐以后，官印始用朱文，多出铸造。"需要明确的是，朱文印章成为主流后，其制作方式与秦汉相比，有

----

①　[明]甘旸.印章集说［M］.四库全书文渊阁本.

了彻底的颠覆，秦汉印章铸、刻兼有，以刻为主，而南北朝之后的印章中，铸造工艺成为主流，刻制印章只占极少数。

魏晋南北朝是一个承上启下的时期，在三国到西晋这一阶段，主体上是对汉代的继承，而东晋南北朝则开隋唐之先河。因此在这一时期的历史实物中，既可以找到汉代遗风，也可以看到些许隋唐的影子。

印章在汉代除了封藏功能之外，还有作为拥有者凭信的功能，印章不适宜做得很大，因此秦汉之际的印章其体积都较小。但当印章盖到纸上时，尺寸大小并不成为限制，而印章凭信的功能并未消失，于是为了凸显这种功能，印面增大成为最为便捷的方法。同时印面增大，也让盖在纸的印记更为清晰，于是可以看到在进入南北朝之后，印章体积逐渐扩大，最终形成了隋唐以及后世尺寸巨大的官印。

进入南北朝以后，官印的尺寸开始增大，如北魏（386—534）的官印尺寸增大至3厘米见方，印文仍以白文为主，且多为凿制而成。印章在何时由白文转为朱文，当是一段历史时期的活动，并不能落到某方具体的印章上，应是人们在使用的过程中，逐渐发现白文印章盖在纸上的不便，因此才开始以朱文为主。其经历的历史时间大致可以确定为南朝齐时期（479—502）。

在甘肃敦煌，曾发现古写《杂阿毗谈心论》残卷，《杂阿毗谈心论》为刘宋时（420—479）僧人伽跋摩等译。在经

永兴郡印

卷背后，盖有"永兴郡印"朱文大印，这方印章有5.4厘米见方。

对这方印，罗福颐推断为南齐之物，他说："永兴由晋至唐，均为县，只有南齐称郡。"由此可知此印当为南齐官印，并由此推论官印加大而用朱文，最早见于南齐。由于他的声望加之《古玺印概论》的影响，此说一直未受到质疑。直至20世纪80年代，元石才撰文对此印的归属进行了重新考订。元石称"永兴郡印和目前所见的南齐官印甚至和整个南北朝官印无丝毫相似之处，却与隋印'广纳戍印'的结字基本相同，尤其是'印'字的结体，二印完全一致"，并进一步对永兴郡的地望做了考证，引用《元和郡县图志》卷四十陇右道瓜州条，证明北周时曾在瓜州一带置永兴郡，隋初方废。再通过印文风格比较，更接近隋印而不同于北周，故断为隋印。当时南北阻隔，南齐经卷很难传到敦煌一带，故此说可信。此两种说法虽然有上下数十年差异，但整体来看，依旧属于这一时期，并不影响对于整个印章史的考察。

朱文印章在此时的普及并不是个例，1993年，在陕西咸阳北周武帝（543—578）孝陵还出土了北周"天元皇太后玺"。此玺为金质，獬豸纽，印面边长4.45厘米。据《隋书》记载，

"天元皇太后玺"印面（左），印蜕（中），印身（右）
咸阳博物馆藏

后周时皇帝、皇后之玺，均为"方一寸五分"，合今约4.44厘米，这方"天元皇太后玺"与记载相符。此印为朱文，根据其印面分析，这方印为铸造而成，铸成后，经过了少量修整，因此部分笔画留有刀痕。

印制流变

前文已经谈过，秦汉时各级官僚机构基本是以个人开府的方式组建。隋唐之时，政府组织则开始了全面的机构化。所以秦汉官员有印而官署无印，隋唐时官府方有印。这一用印制度的流变，在魏晋南北朝时期已现端倪。在南朝宋时，产生了官印移交制度。

考察典籍，可以看到这一制度的产生，其一是因为官制上进行了改革，其二则是因为印章的反复铸造，带来了很多不便。南朝宋时，名士孔琳之就曾对上有过建言："夫玺印者，所以辨章官爵，立契符信……今世唯尉一职独用一印，至于内外群官，每迁悉改……而终年刻铸，丧功消实，金银铜炭之费，不可称言……愚请众官即用一印，无烦改作，若新置官，又官多印少，文或零失，然后乃铸。"①

　　这是魏晋南北朝时期，制度变革在印章上的体现。魏晋南北朝时期，少数民族与中原汉族的互相融合是一大历史特点，这在印章制度上，也有体现。魏晋时期，颁发给少数民族政权的官印，较之前代有了很大数量的增长。大致来说，魏晋时期颁给少数民族政权的印章有如下几个特点：

　　1. 首字多有"魏"或"晋"字，以标明至高无上的权威。

　　2. 官印中多有族名。

　　3. 赐给为朝廷征战有功的少数民族首领印多用"率众""率善""破虏"等字样，对归附投降的少数民族首领多赐带有"归义"字样。

　　4. 印钮多为驼钮。

　　魏晋南北朝时期，因为长期割据，政权更迭频繁，从印章

---

① ［唐］李延寿. 南史·孔琳之传［M］. 北京：中华书局，1975.

制度上而言，是比较混乱的一个时期。各个政权建立的印章体系实际都不完善，除了上文所述的一些革新外，还有对于前代的继承。只是在缺乏强大中央集权的情况下，这种继承往往显得粗疏荒略。

在南朝之前，无论南北政权的印章制度，都以承袭汉制为主，其风格与东汉末期的风格接近。三国时期的官印，传世的以武职官印为多，因制度不尽相同，故形制上也有一些差异，如魏官印五品以上官秩的例用五字称"章"，五品以下的则用四字称"印"。

西晋官印趋于整饬，笔画方整。至于十六国的印章，虽然十六国政权多由匈奴、羯、氐、羌、鲜卑等民族建立，但其进入中原以后逐渐被汉化，所以十六国的印章也基本承续了魏晋传统。

总体来说，从曹魏到东晋，流传下来的印章呈现逐渐荒疏的迹象，这也是后人对此一时期印章诟病颇多的原因。除了印面内容与文字外，这一时期印纽也有一些变化。前文在汉印制度中，整理了汉代的印纽。在汉代较高级别的官员中，上至太子，下到御史、郡守，除了诸侯王与少数民族首领用橐驼纽外，皆用龟纽。

根据出土的历史实物考察，官印中的龟纽大致起源于西汉文景时期。

今天能见到的最早龟纽官印实物是长沙马王堆汉墓出土的

"轪侯之印"，汉代官员之所以佩戴龟纽，大致是因为"龟者阴物，抱甲负文，随时蛰藏，以示臣道，功成而退也"。①

魏晋南北朝对于汉印的龟纽依旧沿用，但形制有了一些变化，到南朝时，龟纽才逐渐消亡。东晋之后，南方政权经历宋、齐、梁、陈四朝，420年，东晋将军刘裕废晋恭帝建立南朝宋，其称帝后在印章性质上大多继承了东晋的印章形制，部分印章直接继承了汉晋体系的印纽。龟首向上，龟身长背部扁平，略显低矮，造型简单质朴，龟体两侧边缘大多平齐，龟腿铸造清晰，龟背甲片纹饰简单，有部分印章光洁没有对龟背进行纹样装饰。印面增大，印台增高。对比汉代官印，可以看到这一时期在印章的制作工艺上，有明显减退，其印章已经无汉代风采。

对于此，史书中也有记载，《梁书》②上便有一则说："莹将拜，印工铸其印，六铸而龟六毁，既成，颈空不实，补而用之。"六次铸造都不成功，铸成之后，龟的脖颈空洞，需要修补才能使用，足见此时印章制作工艺之衰败。

王献唐在（1896—1960，字献堂，山东日照人，著名学者，曾任职故宫博物院。）《五灯精舍印话》中对此评论为：

---

① ［清］孙星衍著. 周天游校，汉官六种［M］. 北京：中华书局，1990.
② ［唐］姚思廉. 梁书［M］. 北京：中华书局，1973.

"凡此殆由习尚运会使然，佩带者多，则冶铸者众，不期而翻新斗巧，以全力赴之，遂成极盛。魏晋以下，人不佩带，间制一二，为钤识之用，亦属无多，用者少印业亦随而衰落，愈演愈烈。"他将这种衰退归结为使用者少，制作者少，显然并不合适，可谓只见表象而忽略了根本。这种衰退，主要还是因为政权更迭频繁，很多制度来不及建立巩固便已消亡。

　　放在整个历史中来看，魏晋南北朝时期是晦涩暗淡的，虽然有很多闪耀光辉的时刻，但整体始终称不上辉煌，或者说这是中国历史上蛰伏的一段时间，而当这种蛰伏蓄力后，终将迎来盛大的回归。隋唐之际，中国迎来了历史上的又一个高光时刻，其在印史上的体现，更是开启了后续的时代。

隋唐：蒙尘的华章

581年2月，北周静帝禅让于丞相杨坚，北周覆亡。因杨坚之父杨忠曾被北周封为"随国公"。杨坚世袭爵位，即位后立国号为"随"，但其认为"随"有走之意，恐不祥，遂改为"隋"，定都大兴（今陕西西安）。立国后，隋军于589年南下灭陈，统一中国，结束了自西晋末年以来中国长达近三百年的分裂局面。

杨坚死后，其子杨广继位，便是历史上赫赫有名的隋炀帝。隋炀帝继位十余年后，天下大乱，李渊便在这场战乱中崛起，最终成就一代盛世王朝。从618年到907年，唐代共享国祚289年。这期间的大部分时间，王朝是稳定的，相较于前代更为先进的制度，也确保了王朝在各个领域的发展。

书法、绘画、文学艺术，在这一时期蓬勃发展，其所达到的高峰，直到今天依旧被奉为圭臬。如果说魏晋南北朝时期，确立了中华文化的审美基调，那么在文化、艺术领域，唐代所创立的成就则是中华文化的标杆。

文化、艺术的繁盛，是社会稳定繁荣的体现。唐代的稳定繁荣来源于政局的稳定和国力的强大，其背后，是制度的改变与社会的进步。隋唐之际的历史变革，是中国中古时期最重要的一次变革，其余绪一直影响到清中期。隋唐开创的很多政治制度，持续了一千多年，贯穿了整个中国古代。

在历史长河中，文化、艺术等精神财富，因为代代相传以及人们的尊崇，更容易被时间记住。背后制度的进步却容易被忽视，附于制度进步之上的更多历史细节，则除了研究者之外，几乎不会被人重视，但殊不知，这些才是历史的根本。

本书所讨论的印章，正是这些历史细节之一。相较于前代，隋唐的印章无论是典章制度还是制作方式，都是颠覆性的，实为在秦汉之外，重新确立了一个新的体系。这一体系的影响延续至今。

诚然，历史并非一蹴而就，也不可割裂而论。隋唐这些体系的开创，是建立在魏晋南北朝社会的发展之上，但魏晋南北朝时期，缺乏强大的中央集权，所能触及的，只是体系的一部分，并不能构成一个完整的版图。而隋唐时期，因为有强大的中央集权、高效有序的政治机制，这一切才能被完整确立，并持续影响着历史发展。

对于隋唐之后，直到明代的印章，历来的学者都不太重视。盖因中国对于印章的研究实为艺术优先于历史，而关于印章的艺术活动则是在一个限定得比较死的框架中进行。

直到20世纪80年代，方才有学者对隋唐印章，进行比较深入的讨论。相较于秦汉印，隋唐印章的存世量要少很多，样本的稀缺，难以形成足够的研究基础，加之又受篆刻理论中对于隋唐印章的鄙夷态度影响，因此直到今天，对隋唐印章的研究，依旧处于比较初级的阶段。当缓缓撩起这层历史的面纱，掩藏在其下的盛世华章，将会绽放出无与伦比的光芒。

被掩藏的光彩

在北宋中期，文人们开始收集著录前代碑刻印章，或许因为距离较近，又或许因为缺乏断代的能力，宋代文人并没有在其著录中收录过隋唐官印。元代印学肇始，隋唐印章依旧没有被纳入考察范畴，反而成为了被鄙夷的对象，这种态度一直持续到今天。如明代篆刻家朱简就说："印昉于周，盛于汉，滥于六朝，沦于唐宋。"[①]后来虽有丁敬喊出了"早知唐宋六朝妙，何曾墨守汉家文"的口号，但追随者却寥寥。

明代中晚期的顾从德（1502—1575，字汝修，工刻印，尝搜罗古印，摹刻成谱，著《印薮》一书）是现有史可考的收集隋唐官印的第一人。在他的《集古印谱》中收录了部分隋唐印章，但在当时，他并不具备对这些印章进行断代考察的能力，于是该书也正如清人瞿中溶所评述的那样，"于私印既未免以意牵合，官印则疏略甚多"。[②]

清初康熙年间，朱象贤（生卒不详，明末清初文人）编撰《印典》八卷，其中对唐宋官印做了文献勾稽，但多为史志原文，并无新意，且未能同实物相联系，只是单纯的文字翻

① ［明］朱简.印经［M］.四库全书文渊阁本。
② ［清］瞿中溶.集古官印考·序［M］.天津：天津人民美术社，2018.

录而已。

在清嘉庆、道光年间，冯云鹏（清代诗人、金石学家、书法家）、冯云鹓（清代著名书法家）兄弟才在其著作《金石索》中，专列有隋唐官印一类，这是专门著录隋唐官印的文献之始，但该书所收的隋唐印章却也仅有六方，计有隋代印章二方：南郡开国（白文）和主爵私符（白文）；唐代印章四方：尚书吏部之印（见于唐人帖上）、常山太守章（白文）、行军都统之印（朱文）、都统之印（朱文）。此书是摹刻而来，所以其上内容真伪难辨，大略而言，除了"尚书吏部之印"具有一定可信度外，其余几枚或不属隋唐，或为伪刻。

清代中期考据学的兴盛，带动了这一时期学者文人对古印的研究，正是在这种大环境下，对于隋唐官印的研究才真正开始。清道光年间，瞿中溶有感于"宋元以降，为古官私印集谱者众矣，而隋唐以来者至罕"且"凡此十数家之书，仅堪供鉴赏之具，要无关学问也"。于是，辑录"自汉魏讫于宋元"官印九百余枚，加以考证，并将这些考证结果并印章，一并著录于《集古官印考证》一书中。在此书内，收集了大量汉、魏印章，相较于此前的所有著述，此书中的唐宋官印可谓数量最多。

在此书中瞿中溶共考证了五方隋唐印章，分别为"观阳县印"、"鸡林道经略使印""云州节度使印""行军都统印""步从第一军记"。这其中，经后人研究，已经确定"行军都统印"为金代印章，故此书中的隋唐印章亦仅有四方。还是因为隋唐官印存世数量太过稀少，且在当时缺乏对隋唐官印的断代辨别手段所致。

在这本书中，瞿中溶也不无遗憾地说道："予所见宋元官印不下数十种，而唐印则仅于朱巨川两告身所摹，得窥厓略，今见此印（'鸡林道经略使印'），如获珍珠船矣。"①虽然瞿中溶对于唐宋官印的考证依旧薄弱，但其对这一问题的开创，依旧难能可贵。

对于唐宋官印比较深入的研究，还要等到民国。清末民国时期，照相术、影印技术的提高，进一步发展了考据学。此时著名金石学家罗振玉认识到唐宋官印对"考证史志裨益至宏，不殊六朝以前诸印"，向当时各藏家求借古印，辑成《唐宋以来官印集存》一书，该书共收录隋唐之后，历代官印共计225方，并按时代先后排列，进行了相对详细的体系划分。

在这本书中，罗振玉将隋唐五代并列，归属于这一条目下的印章共计有27方为："广纳府印""观阳县印""右鹰扬卫温阳府之印""鸡林道经略使之印""灵武□□□□之印""博陵郡之印"（砖印）"归顺州印""东安县

---

① ［清］瞿中溶. 集古官印考·鸡林道经略使印条［M］. 天津：天津人民美术社，2018.

广纳府印边款"开皇十六
年七月一日造"

观阳县印边款"开皇
十六年十月五日造"

印""大毛村朱记""涪婆县之印""步从第一军记""□
化县□□记""□林□使朱记""蓟州甲院朱记""永安都
虞侯记""一厢都指挥记""左静□都朱记""宁晋引纳朱
记""弘农郡□□记""都纲库给纳部印""梨州州学朱
记""奉使之印"。附录中,他还收有摹写自碑帖的五方:

"明州之印""台州之印"（二方）"右策宁州留后朱记""中书门下之印"。

在此书的编撰上，罗振玉进行了非常大的改革，不像过去所辑录印章，仅拓印面，而是将印面背款一起拓出，使人一目了然。1923年，此书付梓，在学界引起了不小的轰动，成为此后研究隋唐以后历朝官印的必备书目。且将当时能见到的隋唐官印全部收罗，在学术史上地位崇高，是一部具有总结性意义的杰作。

涪婆县之印

但毕竟，隋唐官印在整个印章史中所占比例不大，同时存世量太少，加之对于印章研究，主要还是以篆刻家、金石学家为主，而这一人群不可避免要受到自元以来对六朝唐宋印章鄙夷态度的影响。因此直到20世纪70年代之前，对于隋唐官印的研究依旧很少，部分篆刻家、金石学家涉及这一领域，也只是泛泛而谈，且存在不

浙江省博物馆藏"金山县印""会稽县印"及印盒

少谬误。

　　1981年，罗福颐才又在《古玺印概论》①一书中论及隋唐印章，但只是简单地将其特征归纳为："隋唐官印开始加大，用朱文，书体为小篆。"困扰隋唐官印研究的一个重要问题，便是样本数量太少。虽然建国后又陆续发现、挖掘出土了一些隋唐印章，但整体数量依旧不大，迄今为止，能够确定的隋代印章也才区区14方，分别为"观阳县印""东安县印"（疑为砖质、"宜春县印""萍乡县印""豫州留守印""云阳县印"（砖印）"夏县印——夏津县印"（砖双面印）"永兴郡印""汲郡守印""广纳戍印""桑乾镇印""崇信府

---

① 罗福颐. 古玺印概论 [M]. 北京：文物出版社，1981.
② 沙孟海. 印学史 [M]. 杭州，西泠印社，1999.

印""千牛府印"。"右武卫右十八车骑印"。其中"永兴郡
印"还只见印痕，实物早已无踪。唐印数量较之隋印为多，但
加上各类印痕，也不过百余方。

虽然隋唐官印存世数量稀少，但其中蕴含的信息量却非
常巨大，与前代印章相比，首先是形制上的变化。这些隋唐官
印，印文全为朱文，而且印面的面积也有了不小的增加。同时
印纽的形态也发生了改变。考察印文还会发现，与之前的官印
相比，隋唐官印的印文中官职数量减少，衙署数量大增。这一
变化的出现，也揭示着这一时期社会组织形态的深刻变革。隋
唐官印的形制一直延续至今，对于篆刻这门艺术的影响也非常
深远。

当重新审视这段历史，将视角集中，秦汉之外的另一段印
章史徐徐展开。跳出元代所确立的篆刻思想藩篱，这段印章史
其实更具意义。

印随制变

具体事物的变化发展，与社会的发展密不可分。隋唐官
印较之前代，最为典型的特征就是印面的增大与印文的由白转
朱。关于这两点形成的技术性原因，在前文已经有过论述。

除却这些技术性问题，在更深层面上，隋唐印制的变化，
还有更深刻的社会性动因——官制结构的变化。隋唐印制的变

汉"军曲侯印"印身（左上），印蜕（左下），印面（右）
日本岩手县立博物馆藏

化，实际就是这一社会性结构变化在印章上的体现。

　　纵观中国古代的官印，大体可归为两类。一种是官名印，印文为官爵名称，如汉印中常见的"军曲侯印""军司马印""关内侯印"等皆属此类。这类官名印，是官员权力与身份的凭证，印章与官员的职爵相连，若官员失去职爵，则印章须要上缴。另一种则是官署印，或称官司印，印文为官署名称，如"崇信府印""尚书户部之印""合水县印"等，便属此类。官署印是国家机关的权力凭证，它不属于任何官员，只属于官署，由专官掌之，衙门不撤则不必上缴。

唐"尚书户部之印"
印蜕（左），印面（右）
日本岩手县立博物馆藏

汉"关内侯印"
印蜕（左），印面（右）
日本岩手县立博物馆藏

汉 "军司马印"
印蜕（左），印面（右）
日本岩手县立博物馆藏

　　以制度而言，中国古代的官印同样可以分为两类，从先秦到魏晋，官印都以官名主，官员一般都有印。这一时期虽亦有印文中含地名或官署名者，但这是用来补充官名印的，性质也与后世之官署不同。今天在存世的汉代官印中，可以见到有"仓印"、"库印"、"市印""亭印""池印"等，但这些都不是官署所用印，而是"执事小吏，不给印绶，自置应用"。[①]

　　南北朝时，第二种官印制度出现，即官署印。官署印制

----

① 王献唐. 五镫精舍印话 [M]. 山东：齐鲁书社，1985.

隋"崇信府印"
印蜕（左）
印面（右）

度，在隋代最终确立，从此直到明清时期，官印都以官署印为主，官署印为正印。

　　同样，在存世的隋唐官印中，亦可发现印文为官名者，但这并不是隋唐官印的主流，而且其作用是补充官署印之不足。如唐之"鸡林道经略使印""永安都虞侯记"；可以明确地说，隋唐以降，官印就以官署印为主，印文为官名者，仅是对官署印的补充。

　　秦汉的官名印，是权力的凭证，与之相伴的，是身份凭证的功能。到了魏晋时期，伴随社会的发展，尤其是官制的变化（笔者注：如魏晋时期，将军这一称号不断散阶化。汉代将军皆与职事相关。魏晋将军之号则渐趋成为位阶的标志，与实际

清 "合水县印"
印面（上），印蜕（中），边款（下）

职权关系不大。其已渐类似今天的军衔，其与官员的实际职事没有多大关系，而主要用于确认资格和位阶升迁。如此一来，将军印就是单纯的身份凭证，与职权并无多大关系。这与汉代授予将军之印，无疑已有本质区别。），印章的身份证明功能和配饰功能日趋凸显，甚至有些官名印已不再象征官员的具体职权，而沦为单纯的身份凭证。

南朝延续了魏晋以来的变化趋势，官名印的身份凭证和佩饰功能更趋凸显。此时的官名印在某种程度上类似于唐代告身与鱼符的综合体，主要用来佩饰和确认官员的身份，而其权力凭证的功能并不彰显。

魏晋时期皇权衰落，门阀势力强大。官员们依附门阀，对皇权缺乏尊敬，必然导致对于身份的重视超越对于官职的重视。但在北齐、北周，皇权却在逐渐加强，这种趋势完全被扭转，官名印的权力凭证功能重新凸显。隋继北周，自然在行政权力上，将其延续了下来，这也成为了隋唐两代官印制度的基础。

分析魏晋以及南北朝印章的授予情况，也可以得出皇权在南方的衰弱和在北方重新强大的结论。魏晋以及南朝的官印，普遍存在滥授的情况，但北齐、北周的官印，则在很大程度上缩小授予范围。尤其是北齐，其授印的范围不仅远小于魏晋，而且还远小于秦汉。

授印数量的减少，除却皇权强大，没有南朝印信滥授的情况外，最重要的原因还在于政府组织形式的改变。以往的官员私人印鉴，逐渐被衙署印所取代，这也是后来隋唐以及历代官印的主要形式。

在《隋书·礼仪志》①中，有关于北齐授印制度的记载："二品以上，并金章，紫绶。三品，银章，青绶；三品以上，凡是五省官及中侍中省官，皆为印，不为章。四品得印者，银印，青绶；五品、六品得印者，铜印，墨绶；四品以下凡是开国子、男及五等散品名号侯，皆为银章，不为印。七品、八品、九品得印者，铜印，黄绶……佐官唯公府长史、尚书二丞，给印绶。六品以下，九品以上，唯当曹为官长者给印。余自非长官，虽位尊，并不给。"

通过这段记载，可以很明确地看到，在北齐，授印的主要对象是部门长官。授印标准的变化，大大缩小了授印的范围，凸显了官印的权力凭证功能。这一阶段，印信制度可以解读为：唯长官有印。这是由官员有印、官署无印向官员无印、官署有印发展的过渡阶段。从政治学角度考察，可以看出这一时期政府的组织形式更注重各级机构而非官员个人的职能。而只有长官持印，其性质也已经近乎于后期的官署印，只是表达形

---

① ［唐］魏徵. 隋书·礼仪志［M］. 北京：中华书局，1997.

式有所不同。

　　北齐的这种授印制度，以及与之相连的官员任免机制，在后来成为了隋代确立新官僚体系以及官印制度的基础。与前代相比，北齐的官印制度已有官署印的影子，但仍带有旧色彩，是依人而非衙署，仍是官名印。但以新代旧的趋势在这一刻已经非常明显，而隋代确立的新官制以及新印制，正是这种趋势最终的定型。

　　官名印是单个官员的权力凭信，官署印是特定机构的凭信。机构虽然由官员组成，但两者并不能等同。所以官署印是全新的事物，并非旧时代的延续。官名印变为官署印，是受新的历史因素影响而形成的。隋唐时期，官署印出现，并被确立为正印，更重要是表明人们认识国家结构的观念发生了质的变化。

　　中国古代，人们划分国家结构的办法，大体有两类。一是将国家机构看成各个机关或机构的总和，这与今天的观念近似；另一种则是将国家机构看成掌管不同事务的重要官员的总和。在魏晋南北朝以前，人们对国家结构的认识，是基于"官员总和"这一概念。而在魏晋南北朝以后，人们对国家结构的认识，才逐渐转向机关与机构的总和。魏晋南北朝，正处在这两种观念转变的分界点上。北齐、北周前进得更为迅速一些，这也是其官制、印制形成的缘由。

　　在北齐，其划分政府结构，完全以机构为基本单位。"太常、光禄、卫尉、宗正、太仆、大理、鸿胪、司农、大府，是为九寺。置卿、少卿、丞各一人。"①这是将政府看成是不同机构的总和。这种划分政府结构的方法，已与秦汉完全不同，它不再是用重要官员来区分国家结构，而是用机构来统领官职，机构成为区分国家结构的基本单元。

划分国家结构，渐以机构而非官员为核心。这种制度的变化，就是设置官署印的基础。隋代继承并发展了这种历史趋势，最终使得官署印彻底取代官名印而成为了正印。

《隋书·百官志》载："高祖既受命，改周之六官，其所制名，多依前代之法。置三师、三公及尚书、门下、内史……等省……都水等台，太常、光禄、卫尉、宗正……等寺，左右卫、左右武卫……等府，分司统职焉。"所谓"分司统职"即指各类机构负责不同事务，分属不同的职能。

将国家分为不同的机构，这种观念已与今天近似。机构的职能是由该机构的所有成员共同完成，因此，机构长官与机构就不能等同，长官印与官署印也不能等同，官署印在此时，真正成为了机构的权力凭信。隋代开创的以官署印为正印的制度，与其"分司统职"的观念是密切相关。

隋开皇九年（589），在平定了陈后，政府颁布了关于印

---

① ［唐］魏徵. 隋书·百官志［M］. 北京：中华书局，1997.

章使用的新制度："*今文曰印。又并归于官府，身不自佩，例以铜易之。*"[①]在这其中，明确了官员自身不再佩带印章，而是将印章保存在官府中，与之同时也不像前代那样使用多种的材料进行印章制作，除却部分皇室使用的印章外，都以铜作为印章材质。同时，在每个衙署中，还有专门的掌印官对印鉴进行使用和管理，普遍实行了监印权与用印权分离的制度。这与今天印章的使用已基本一致。

印制的变化，直接影响了隋唐及以后印章的形态。与汉印相比，这种形态变化带来的影响实际更为深刻。今天无论是在艺术学范畴还是史学范畴，所讨论的铸印，都应将这一时期视为肇始。

隋唐铸印之法

在隋唐之际，印章由刻变铸，在技术上最核心的原因是朱文印章的铸造比镌刻来得方便快捷，且更易于操作。铸造朱文印章，只需字口凹陷即可。中国古代的金属铸造工艺在商周时期就已经非常成熟，皆用沙范、陶范，在商周时期也发明了失

---

① 　[唐]魏徵. 隋书·礼仪志 [M]. 北京：中华书局，1997.

唐"金山县印"
印蜕（上），印面（下）
浙江省博物馆藏

唐"会稽县印"
印蜕（上），印面（下）
浙江省博物馆藏

蜡法，用以铸造更为精细的器具。

基于对隋唐印章实物的考察，可以推论，其大概率是用沙范铸造而成，并未采用失蜡法等技术。究其原因，其一是当时的沙范技术已经非常成熟，能满足印章铸造的需求；其二是沙范工艺比失蜡法更为简洁方便。

除了一般的范铸工艺外，在隋唐官印的制作中，还有一类非常特殊的工艺，即"蟠条印"。这一工艺名称是沙孟海在20世纪80年代时定名，在隋唐时期不一定以此为名。

　　蟠条印的制作，是先铸造好印坯，然后将铜条捶打、裁切成所需要的长度、厚度，再使用工具盘曲，然后将其焊接在印坯之上。

　　铸造好的印坯，当为统一规制，焊接之时，用铅锡二元合金为焊料，以一带金属管之铁盒，其中盛上高温木炭以口吹出，熔化焊料，将铜条固定。其状类似于今天的高温焊枪，这一技法在传统的首饰加工行业中至今仍可见到。因为在焊接过程中要经历高温，铜条不免变形，因此在制作好之后还需要修整，同时印面也有一定高低起伏，还需要对制作好的印章进行打磨。直到这些工序完成，一方"蟠条印"才算制作完毕。

　　浙江省博物馆藏"金山县印""会稽县印"二印，即为典型唐代蟠条印，沙孟海先生也正是在见过这两方印后，终在传统铸、刻之外，考证出了新的印章制作方法。

　　在20世纪中叶之前，没有人对这种制作方式有过研究，皆将其与别的隋唐印章并举。最先发现这一问题的是王献唐。他曾见到过一枚无印文的铜印，当时以为印文已被磨去，但仔细观察后，并未发现打磨的痕迹，故断定是印坯。并说"唐印用铜条焊接而成，疑是急用之法也，不是常法"。①这种说法当为

---

①　王献唐.五镫精舍印话［M］.山东：齐鲁书社，1985.

法门寺地宫出土唐代金属茶具

王献唐一家之言。根据笔者实践，若从制作工艺上而言，蟠条印的繁琐程度要远甚于直接铸造，因此更有可能是当时需要在直接铸造之外，寻找一些新的制作方式，或以此为定例，或为防伪等需求。

　　焊接而成的"蟠条印"是隋唐时期印制的一大特点。但在历史典籍中并无记载。今天对此的研究，实为对历史的补充。蟠条印在隋唐时期出现，也是当时金属加工水平进步的体现。

隋唐时期遗留至今的金属器皿较多，能在很大程度上还原当时的金属加工工艺。

唐"平琴州之印"

法门寺地宫曾出土过大量的金银器，这些器物是晚唐时期唐僖宗所赐。在这些金银器上，可以看到唐代已熟练掌握了切削、焊接、铆接、镀鎏、镶嵌等工艺。仅焊接一项，就有大焊、小焊、两次焊、掐丝焊等多种工艺。且技术纯熟，焊口平齐，尤其是掐丝焊为焊接印提供了技术保障。

明清时期大放异彩的掐丝珐琅彩工艺，就是这一工艺技术的延续。

在现存的隋唐印章中，这种焊接而成的印章数量较少，绝大多数还是直接铸造而成。同时，根据孙慰祖研究，仅"平琴州之印"一例，为镌刻而成。至此可以说中国古代的印章进入全新的阶段，在官印这一领域，铸印已经完全取代了刻印，朱文也全面取代了白文。

根据现存实物考察，在五代之后，官印中已经不再能见到这种焊接而成的印章。从宋代开始，只在私印和朱记中偶有孑遗，明代更是完全消失。究其原因，其一，大约是因为制作太过繁琐，与直接铸造的印章相比，劣势太大，而且呈现效果并无特异之处。其二，大约是因为印文与印章终究不是一体，在频繁的使用过程中，易形成损坏、笔画脱落，因此终被淘汰。

　　蟠条印在历史中出现的时间很短，但其鲜明的特色也为今天人们鉴别隋唐印提供了一条捷径——凡是由焊接法制成的官印，其时代必属隋唐无疑。

隋唐印制

　　隋唐之际，中国印史进入了一个全新的时代，印章的授予、使用制度也随之产生了全新的变化。概略而言，在隋唐以前，印章除是官制的组成之外，还是礼制的组成；但从隋唐时期开始，印章作为礼制构成的功能被大幅度减弱，几近于无，作为官制组成部分的功能被大幅度加强。管理上的要求更为严格，制度更加清晰。

1.印章管理制度的加强
　　在这种变化中，首先是在隋代，官印背面出现了款识，并且延续后世，成为后来篆刻边款的源头。隋唐印章款识，是对印章管理制度升级的体现。

清中期之前，因为隋唐印章存世量少，且断代不明，所以人们普遍认为刻款始于宋代。即便有人提出隋代官印上有刻款，人们也多持怀疑态度，如罗福颐就说"其说容或可信"。后又在《楼翁印话》中再次说道："（款识）均是古董商人所伪刻。"这是一种过于武断的说法，今天看来实不足采信。

就如孙慰祖在经过研究后说，清末、民国的这些古董商（即罗福颐所认为的作伪者），根本不具备将隋唐官印区分开来的能力。

试想学界专家还在为断代而挠头之时，古董商人显然更不具备这种能力了。故而款识这种形态，应是隋唐官印本身的特点。

秦汉时期，所有印章皆无款识，因秦汉时期等级较高的印章皆有印纽，考察秦汉印章实物，可以发现印纽都是向前的，即印文方向与印纽方向相同。

南北朝时期，印纽形态发生变化，为了辨别印文正反，开始在印背上刻"上"字作为标记。到了隋代，方出现了年款。

目前存世的隋代印章中，共有四方带款。其文皆为"年号××年×月×日造"，无印文内容。

唐代印章款识中，年款消失，仅刻印文内容，偶有在角上刻"上"字标记。宋初，又变为仅为年款"年号××年×月铸"，只有纪年、月而无日期，称铸不称造；宋中期，背款中出现了铸造机构，先有少府监，后有文思院，辽、金略同宋代。元代，刻款内容则更加齐备，年款、印文内容、铸造机构皆在其上，这时复称造而不言铸，多由礼部造。至明代，背款中又增加一项内容——千字文编号，至清沿用不变。

印款的出现，说明这一时期对印章管理的加强。进行一个纵向比较，可以看到这种管理同样在不断地强化中。明代千字文编号的出现，基本做到了每一方印章皆有据可查，表明政府的文书管理已经到了相当高的水平。

其次，是对印章材质的管理，也进入一个新的阶段，除了皇室印用玉外，其余皆用铜。金、银、陶、铁等材质都不为正式官印所采用。这与秦汉时期印章有了明显区别。同时，印纽在这一时期也出现了很大变化，在秦汉时期，印纽有多种类型，以对应不同使用者。而在这一时期，官署印替代了官名印，印章不再需要随身携带，其身份证明功能已不存在。所以这一时期的印纽以放大了的鼻钮和高背碑形钮为主，具有从鼻钮向橛钮过渡的特征。

自宋代开始，带孔的鼻钮已基本不可见，只剩下橛钮，且沿用至清。

在秦汉时期，印绶是并举的，盖因此时印章还需要承载身份标识的功能，要随身佩戴，而绶与印的合用在隋唐时期消失，也说明印章随身佩戴的需要完全失去了。需要注意的一点是，印、绶虽在这一时期不再并称，但绶还是存在的，依旧是作为一种礼仪的用品，但其上所系已不是印章，而是别的饰品。

　　在这一时期的文献中，还提到了"鞶"，"鞶"在今天的释义为革制的小袋。古代释义与今天相类，如《周礼》就说："男鞶革，女鞶丝。注云：古佩印，皆贮悬之，故有囊称，或带于旁，故班氏谓鞶囊。"秦汉官印皆有绶，绶系于印上，印挂在腰间。鞶囊便是盛装印、绶的一个袋子。

　　在两晋的文献中，可以看到印绶与其联系了起来。

　　《晋书·舆服志》中说："诸假印绶而官不给鞶者，得自具作……鞶，古制也，汉世著鞶者，佩在腰间，或谓之缓囊。"[①]此一记述为《隋书》转引，同时还需要注意一点，其中明确说出，鞶并非标准配发，不一定由官方给予，部分获得印绶的官员，需要自己准备——"得自具作"。在汉代文献中，并未见到印绶与鞶的关联，晋汉相去不远，其所言不应有疑义，但或许在汉代使用鞶囊，是一种社会日常，并未成为礼制的一环，所以不为人所注意。

　　在今天的考古发掘中，与隋唐印一起出土的还有印盒，在此之前并无印盒的实物或者文献出现。如1958年，浙江绍兴就曾出土一方"会稽县印"，此印高3.6厘米，边长5.5厘米，印文深0.5厘米。方形，背呈弧形，上宽下窄。鼻纽，无穿孔。是为

---

①　［唐］魏徵. 隋书·礼仪志［M］. 北京：中华书局，1997.

唐"会稽县印"及印盒
浙江省博物馆藏

蟠条印,以焊接方式铸朱文小篆。同时出土印盒一件,高8.1厘米,边长7.3厘米。印盒为方形,腹壁上大下小,逐渐内收成平底。盖作盈顶,有宝珠形提手。盖、底以子母口扣合,后面有一外突的屈成,即蝴蝶扇铰,印盒前面有上下纽可锁。印盒左右两侧各有穿带纽一对。

据《元和郡县图志》卷二十六"江南道"所载:"隋平陈,改山阴为会稽,皇朝因之。"可知此印当为唐初承袭隋制所制。

1968年,浙江安吉出土了一方印文为"金山县印"的铜印,这方铜印高4厘米,边长5.5厘米,印文深0.7厘米。方形,背作盈顶状,鼻纽。亦是一方蟠条印。与之一同出土的,还有一件印盒,此印盒高8.5厘米,边长7.0厘米。亦作方形,印盒腹壁平直，盖顶呈弧形，无提手。印盒的盖、底皆以子母口扣合，在盖、底两侧各有穿带纽一对，起相连与提携作用。印盒通体边缘外突，中间减地。据《新唐书·地理志》载，此印为垂拱四年（688）改金华为金山县时所制。此二印现藏浙江省博物馆，是不可多得的珍贵唐代蟠条印实物。

　　以印盒藏印，在之前的历代都无记载与实物，在隋唐时期的文献中，也无专门对印盒的记载，只在一些别类史料中略有提及，如《旧唐书·南诏蛮传》载："仍赐牟寻印，铸用黄金，以银为窠……"及"文曰皇后之玺，各正大朝，则佩黄琮，各以筒贮，进于座隅。"①在此二则引文中，"窠""筒"皆为盒子之意，但其具体形制并不可知。可见此时以印盒藏印，亦非定例，只是人们为了使用方便的一种做法而已。后世有印盒藏印，但亦非定例，故这一点不应视作印史发展的一个特点，只是印制改变后人们在使用方式上的一种变化。

　　秦汉至南北朝，印章作为配饰及身份象征的功能显著，其在使用上必定比较随意，在印章出示即可的情况下，确实也无法进行管控。隋唐之际，印章的功能发生改变，使用也越发规范，这种使用的规范化，在南北朝时期已现端倪，如前文所

---

① 　[唐]魏徵. 隋书·礼仪志 [M]. 北京：中华书局，1997.

述南北朝时期，印章用于接缝处，有今日"骑缝章"之雏形。在北齐，还有印章使用权与保管权分离的例子。北齐有"都摄万机印"，常在内廷，若需使用，由"左右郎中、度支尚书奏取，印讫输内"。其印保管权属内廷，而使用时则由左右郎中、度支尚书汇报后取用，其使用权在外朝。可见这时北齐对一些重要印章的使用已有了一定监督措施，但这一习惯并未在北齐形成明确制度，需要到隋朝才正式确立。

隋唐时期，用印制度进一步规范，典型来说便是监印、知印制度的产生。即印章的使用需要监督，印章不再由私人保管，而是由专门的官员保管，其本质上即是印章从个人的代表转变为公权的代表。这种制度的演化，在史籍中并无专门的记载。盖因古人对制度及公权的变化缺乏系统的认识，著史者只能从自己所处的历史时代及条件进行阐述。不过虽然缺乏系统性的历史记录，但今天通过各种历史典籍中相关的记载，依旧可以大略窥见这一时期用印制度以及监印、知印的全貌。

"监印"即对印章使用进行监督，"知印"即对印章执掌、保管。隋唐时期，这两种制度在每个衙署中皆存在，行使这两种权力的，皆为衙署中的官员。在《大唐六典》①中便有记

---

① ［唐］李隆基. 大唐六典·卷一［M］. 西安：三秦出版社，1991.

载："凡施行会文应印者，监印之官，考其事目，无或差缪，然后印之。其印，每至夜，在京诸司付直官长，在外者送当处长官掌。"这其中清楚说明了监印官的主要职责是对印章使用进行监督，知印官为部门长官。如前文所述，关于隋唐印制从官职印转向衙署印中已经说明了这一时期行政权力的变化，在此不再赘述。监印、知印制度的产生，也是对于印章管理进一步强化的体现。

如前所述，监印制度在北齐已有萌芽，但其正式形成于隋代，到唐代方才定型完成，此后直至今日，印章的使用依旧因循此制。说这一制度正式形成于隋，盖因北齐与隋相去不远，而在北齐的文献中少有监印官的记载，但在关于隋的文献中，普遍可见监印官的记述。隋唐两代，监印官最常见的称呼是主薄和录事参军。如《通典》①中就记录了"司录参军"的缘由即主要职责："晋置，本为公府官……自后汉有郡主薄……炀帝又呈主薄，唐武德元年复为录事参军，开元中改京兆尹属官为司录参军，掌府事，勾稽省署抄目，纠弹部内非违，监印、给纸笔之事。"这其中就明确了其有"监印"的职责。且隋代以前主薄是由主官自行招募，而隋代开始则"皆吏部选除"②，至

① ［唐］杜佑. 通典［M］. 杭州：浙江古籍出版社，2001.
② ［唐］李隆基. 大唐六典·卷一［M］. 西安：三秦出版社，1991.

唐代又规定"凡同司联事勾检之官，皆不得注大功已上亲"①。
这种将任免权归于中央，且对任免进行一定回避的政策，都是
因为"主薄"等职位普遍具有"监印"的职责。

2.隋唐时期的印章制作机构

在历代的典籍中，对于印章的制作过程和制作机构都少有
着墨，对于这些问题的研究，主要还是基于各类史籍综合考察
后的推断，只能说大概还原了历史的面貌，但具体情况如何，
依旧有待新的考古发现和进一步的研究。

前文中，关于汉代印章的制作机构的讨论，只是推断，且
目前的所有古籍中，在宋代之前，都没有明确的对于制印机构
的记载。隋唐时期亦存在这种情况，因此对于这一时期制印机
构的讨论，依旧是靠推理来进行。

宋代中期，官印的刻款中多出了铸造机构一项，这让官印
的制造流程有了切实可考的依据，在宋代印章背款中的铸造机
构为"文思院"和"少府监"两种，"文思院""少府监"这
两个机构在唐代都有，但"文思院"设立于晚唐："武宗好长
生久视之术，于大明宫筑望仙台，势侵天汉。上始即位，斥道

---

① ［后晋］刘昫. 旧唐书·卷四十三［M］. 北京：中华书局，1975.

士赵归真，杖杀之，罢望仙台。大中八年，复命茸之。右补阙陈嘏已下抗疏论其事，立罢修造，以其院为文思院。"[1]根据这段记录，也可以知道"文思院"在唐代并不承担铸造印章等功能。宋承唐制，既然宋代的印章由"文思院"和"少府监"制造，由此推测，唐代印章铸造机构大概率也属少府监。

在《旧唐书·职官志》中，有关于少府监的记载："少府监，凡天子之服御，百官之仪制，展采备物，皆率其属以供之。"在少府监之下，设有掌冶署这一机构，在《旧唐书·职官志》对其的记载为"掌冶令掌铭铸铜铁器物"。

官印为"百官仪物"之属，由少府监制作，亦合其职责范畴。因此可以推定，隋唐时期（唐承隋制，因此虽史料为唐代文献，但隋朝同样依此讨论）官印的铸造机构为"少府监"之"掌冶署"。

虽通过史料，对于隋唐时期官印的铸造机构有所明确，但具体制作流程依旧不可知，这些印文是否也像汉时一样，由专门的人员书写？且隋唐之际，篆书已基本退出实用领域。后世篆刻家所言，采用篆书入印，是因为篆书的字形结构可以进行变化，不影响辨识，且能寻求空间的平稳，从以汉印为审美基调的艺术

---

① ［唐］裴廷裕. 东观奏记［M］. 北京：中华书局，1994.

创作角度而言，这种观点不能说有误，但在隋唐的官印中，显然并不存在这种需求，因此这一问题依旧值得考察研究。

在《新唐书·百官志》中，礼部条内有关于"符印"的记录："礼部郎中、员外郎，掌礼乐、学校、衣冠、符印。"可见此时礼部对于印章亦有一定的管理权限。但正史中并未说明此时礼部对于印章具体的管辖权为何。反倒是宋代历史学家宋敏求（1019—1079，字次道，北宋大臣。宋敏求家藏书富，熟于朝廷典故，编著有《唐大诏令集》，地方志《长安志》，考订详备。笔记《春明退朝录》，多记掌故时事，又补有唐武宗以下《六世实录》。）在其所著《春明退朝录》中透露了些许端倪，其言"按唐旧说，礼部郎中掌省中文翰，谓之南宫舍人，员外郎厅前有大石，诸州送到废印皆石上碎之"。这条记录是目前有关唐代废印处理的唯一记录，可视为对正史的补缺。但《春明退朝录》只是笔记并非正史，且没有任何别的记录为旁证，同时宋敏求生活的时代已与唐朝相去百余年，故此条记录仅供参考。

3.从篆刻史角度对隋唐官印的再审视

篆刻史与印学史，并不能一概而论。从本质上来说，两者皆有同一渊源，但最后走向了不同的发展方向。篆刻更多考虑的是美学构成，而印学则是依托印章对历史进行考证。时至今日，对印学史的研究，除了金石学者外，很多篆刻家也参与其中，因为视角的不同，难免会造成一些偏离。在印学史的研究中，对于隋唐印章的忽略，很难说没有篆刻"宗秦汉"思想的影响。但如果结合历史进行考察，隋唐印章对于篆刻这门艺术形式的意义，并不亚于秦汉印章。

今天的篆刻艺术，若单纯的从形式上来说，可以简单地分为朱文、白文两种，朱文篆刻的肇始，实际就是隋唐印章的余绪。篆刻成为一种艺术形式，在于其进入了文人的视野，脱离了单纯由工匠制造的范畴。唐初太宗的"贞观"年号印，常被钤盖于他所收藏的书画作品上；唐玄宗也有"开元"年号印；而到南唐后主李煜，他所有的"建业文房之印"，可以说已经具备了后世收藏印的所有特征。印章与文人的关联，正是从收藏印开始。元代吾丘衍等对印章的研究也是基于这一时期印章大量被文人所运用，并非凭空而来。因此对隋唐印章的忽视，实是篆刻史上的一大疏漏。

从篆刻创作的实际发端，即文人自篆自刻的元末开始，到民国为止，虽然很多篆刻家都进行了大量朱文印章的创作，但在理论上始终囿于"秦汉"的体系，即创作实践和创作理论严重脱节。这些篆刻家在创作朱文印章时，虽然缺乏断代的能力，但有很大可能看到过隋唐及之后的印章，很难说这些印章有没有对其创作带来过影响。

吾丘衍、甘旸（1597—？，明代篆刻家。字旭甫，号寅东，酷爱秦汉印。尝见《印薮》木刻本，摹刻失真，乃以铜、玉摹刻，废寝忘食，期在必得，终成《集古印谱》五卷，内附

《甘氏印正》《印正附说》等。）等人在印学史以及篆刻史上的贡献是巨大的，但这种贡献主要体现在开拓性上。就历史的实际条件而论，他们的认识还相当肤浅，缺乏对印章断代的能力，所见的实物也并不多，而且很多理论的提出并不是基于历史的考察分析，而是出于自己主观的判断及情感的依托。他们对秦汉之后印章的鄙夷，就是单纯的情感投射。

以吾丘衍等所处的历史时间来看，能见到的大量印章应该是宋时风行起来的叠篆。这种相对整饬、呆板的篆书形式，必然不能符合吾丘衍等在野文人内心"野逸山林"的精神需求，因此不为他们所喜。但需要注意的一点在于，叠篆也是由文人创立的，这种文字的整饬感、装饰性，较之之前的入印文字都更强。中央权威的强化，恰好需要这些形式上的存在，因此对叠篆的态度需要辩证来看。

隋唐官印在印文用篆上，相较于秦汉时期更加随意。若以《说文》为依据，隋唐官印中的很多文字是错误的。这大抵是因为唐时，篆书已经脱离了日常使用，在书写中存在很多臆造

钱瘦铁"无限风光在险峰"

钱瘦铁"梁溪钱氏图书"

孙慰祖"合欢"　　　　　孙慰祖"般若波罗蜜多"

的成分。同时，隋唐印章还尚未演化到宋及以后的威严整饬，这让隋唐官印在印面的展现上，更富于变化，印文盘曲富于动感，同时因为铸造而成，印文线条较之秦汉印章，也更富于书写式的弹性。在整体结构上，文字也更为圆转。这与后世篆刻家所追求的印章中的"笔意"似有异曲同工之妙。

今天篆刻家们还少有以隋唐印章作为对象，进行创作、学习的。细数来只有寥寥数位。远者，有民国时期著名篆刻家钱瘦铁，如他的"无限风光在险峰""梁溪钱氏图书"等，都有明显的隋唐印章特征。

近者，有孙慰祖，他以隋唐印风创作的印章数量更多，其风格特征也更为明显。

隋唐印章，不但是中国印学史的分界点，也是篆刻元朱文系的起点。其制作方式、印文形式，对今天的篆刻创作都还有非常深远的影响，对其保持重视，持续研究，相信定能在其中寻找到更丰富的价值。

宋：皇权的注解

907年，传承了289年，共历十一帝的唐王朝轰然倒塌，王朝的遗产被各路节度使分割。此后，中原陷入到五代十国割据的混乱中。五十余年后，五代十国的风烟散尽，宋朝在唐王朝残存的遗韵中建立。

唐、宋两朝相隔的时间不长，在体制上更是有着诸多的直接承继，但两个王朝所呈现出的政治、文化形态却迥然不同，甚至可以说有了质的区别。这种区别在近代的历史研究者们看来，更是中古与近古的分界点。

唐宋间的变革

唐代的文化，在色彩上是浓艳、堂皇的，在丰腴和恢宏交织的背景下，上演着一幕幕瑰丽与浪漫的传奇。而宋代，在文化色彩上则偏向清淡、雅致，国家富裕与政治积弱，这对看似矛盾的关系却始终在宋朝纠缠。

宋代的文化也更倾向于自省和对儒家"理"的追求。看似是对学术的精研，实际上则陷入了莫可名状的自语体系，未尝不是士人们在精神上的逃避。

唐宋之间文化上的转向，其原因是多重的。大体来说，核心的因素是五代十国摧毁了自汉以来的豪族门阀制度，贵族政治在中国彻底成为了历史。

隋唐时期，正式确立了以行政机构代替了个人"开衙建

署"的政治生态，皇权得以加强，但毕竟豪族门阀的影响力还
在，"分封建制"的情况依旧存在，唐末以及五代的节度使，
便可以看作"封建制"在中国历史上最后的高光。到了宋代，
分封建制只是在名义上存在，中央集权得到了极大加强。在经
历了五代十国长达七十余年的战乱后，地方豪族势力被一扫而
空，封建制的根基，实际已经被扫除干净。

唐末藩镇割据，鉴于此，宋代在军制上有了很大变革。
宋代沿用了唐末开始实行的两税法，货币地租逐渐取代实物地
租，市民阶层也随之扩大。

以上种种变化，归根结底就是皇权的扩大。看似平淡风雅
的大宋，中央集权较之前代有了进一步加强。正是在这种进一
步集中的皇权下，才产生出了诸多政治与文化上的变化。部分
影响更是持续至今。

宋代皇权的加强与门阀的消失，催生出了大量的文官，文
人数量进一步扩大，地位也得以提高。文人们是皇权掌控天下
的工具。在更多的文人参与到社会活动中后，文化的表现形式
与发展也更加以他们的偏好进行。如宋代确立的以深沉内敛、
淡雅简约的审美特质，到今天依旧是中国传统美学的标杆。同
时，宋代的这一美学特质，还深刻地影响了日本以及整个东亚
文化圈。又如以书法论，宋代完全确立了今天意义上的书法创
作，绘画体系更是在宋代得以完善，并在北宋时产生了文人画
这一分支。

　　后世的元明清三代，从文化上而言都是对宋代的继承，只在此基础之上有所增减而已。

　　在印章上同样如此，宋代印章所产生出来的种种形态，同样是上述政治、文化背景之下的产物。

　　宋代的印章，制度上继承于唐代，其功用与今天的印章已无二至。从形态上而言，宋代的印章也与隋唐之际的差别不大，但精细程度是要胜过唐代的。将两代的印章进行对比，可以发现宋代的印章在规制上也更严格一些，而且还出现了"叠篆"这类印章的专用文字。

　　汉印的文字大多采用"缪篆"，这是依托于秦小篆的变体，是对于小篆字体的"印化"，可以说是因地制宜的改变，但本质上和秦小篆并没有区别。此后魏晋南北朝以至隋唐，在用印文字上都是对于此的沿袭，并没有本质的变化。甚至到了两晋之后，用字上更为荒疏，规范性有一定程度下降。对比宋代与前代印章，在整饬度上，宋代的要明显更胜一筹。

　　这种入印文字的规范性无疑在一定程度上牺牲了后世文人所谓的"自然、天趣"，也因此"叠篆"在很长一段时间内，都被传统的篆刻创作领域所批驳。但这种批驳实际上并无甚道理，更多还是文人的臆想。"叠篆"在宋代以及后世印章中的风行，正是印章在皇权下规范化的一个体现。对于宋代印章的讨论，"叠篆"无疑是一个很好的切入口。

叠篆——古代印章的标准字体

　　在北宋以前的史料中，并没有关于"叠篆"的记载，"叠篆"一词在北宋方才首次出现在史料中。关于宋代的印文书体历来是学者们争论的焦点，多年来意见相左，至今尚无定论。近些年有人将宋代官印书体通体称为九叠篆，也不妥。按《宋史·舆服志》①载："乾德三年，太祖诏重铸中书门下、枢密院、三司使印。先是，旧印五代所铸，篆刻非工。及得蜀中铸印官祝温柔，自言其祖思言，唐礼部铸印官，世习缪篆，即《汉书·艺文志》所谓'屈曲缠绕，以模印章'者也……自是，台、省、寺、监及开封府、兴元伊印，悉令温柔重改铸焉。"当时人们确实将"屈曲缠绕"形式的书体称为"缪篆"。有的学者为了将它与汉代的缪篆相区分，承认其演化与发展的新特点，而将其称之为"后期缪篆"，两宋的大多数官印也为这种书体铸造。此可以看作叠篆之初始形态。

　　　"叠篆"一词的正式运用或者说定名，是在宋徽宗大观年间。在《舆服志》中有这样的记载："大观元年，又得玉工，用元丰中玉琢天子、皇帝六玺，叠篆。"

––––––––––––––––––––––

① 　［元］脱脱等.宋史·舆服志［M］.北京：中华书局，1985.

但此时的叠篆，只是一种形态上的概称，并未成为一种制度，更称不上"九叠篆"。从现存的宋代印章实物来看，两宋的官印都是盘曲较多，而加叠较少。入印文字整体上已经开始归于统一，但依旧没有形成规范。宋代叠篆使用的范围，根据现存实物来看，只限于皇帝玺印、爵位印、中央官署和京师衙署用印，其余官印中的叠笔，叠数并不多。

叠篆的滥觞，大致应该始于金代，在历史学领域金、宋是并称的，在印学领域更是从未将金代等受汉文化影响较大的朝代独立过，金代的印章几乎也全都归于宋印当中，这也造成了后世对于宋印认识上的误差。

现存所有金代官印，入印文字全是叠篆，但这些在史籍中并没有记载。叠篆入印在宋、金两代开始发端，并大量使用，但其方法几乎不见于史籍，现在所有的关于叠篆方法的论述，都是通过实物进行的倒推。叠篆的构成方式大致来说，是有直线变曲线、单线变复线、改变字形结构以及字中减笔四种。

宋代的叠篆，更类一种印章格式而非制度，金、西夏的官印，也深受这一格式影响。契丹文、西夏文在创立之初，都从形式上借鉴了不少汉字内容，与汉字关系密切。因此在辽与西夏的印章中，可见其印文依旧是盘曲折叠的形式。

自宋以后，叠篆实际上已经成为了官印的象征，但直到明朝，叠篆才正式成为一种制度，明代中期的著名文人陆容（1436—1497，字文量，号式斋，与张泰、陆钰齐名，时号

"娄东三凤"。著有《世摘录》《式斋集》《菽园杂记》十五卷。）就曾在他所著的《菽园杂记》①中有过这样一段记载："本朝文武衙门印章，一品二品用银，三品到九品用铜，方幅大小，各有一定分寸。惟御史印比他七品衙门特小，且用铁铸，篆文皆九叠。"与这一记载相对应的，还有《明史·舆服志》②，其中说"百官印信，正一品至从九品，乃至未入流者条记，'俱直纽，九叠篆文'……其他文武大臣，有领敕而权重者，或给以铜关防，直纽……九叠篆文……洪武二十三年，巡按某处监察御史，铜印直纽，有眼，方一寸五分，厚三分，八叠篆文"。可见"九叠篆"之名，直到明代才产生，也正是在此时，叠篆成为了官印用字的制度。

在这些史料中，还可以看到，除了"九叠"之外，还有"八叠"之称，在实际操作中，可以发现无论"八叠"还是"九叠"在印章中基本都是不可能实现的，如果一个笔画真折叠这么多次，所形成的文字完全无法辨识，因此"八叠""九叠"应该都是概称，应是取其"多"之意。这一说法，在明末文人沈德符（1578—1642，字景倩，明代文学家，他所撰《万历野获编》多记万历以前的朝章国故，并保存了一些有关戏

---

①　[明] 陆容. 菽园杂记 [M]. 北京：中华书局，1997.
②　[清] 张廷玉等. 明史·舆服志 [M]. 北京：中华书局，1974.

曲小说的资料。除《野获编》外，他的著作还有《清权堂集》《敝帚轩剩语》三卷、《顾曲杂言》一卷、《飞凫语略》一卷、《秦玺始末》一卷。）的记述中得到了印证，他在其所著《野获编》①中说："臣下印信，则文武一品二品衙门，得用银造，三品以下俱用铜，惟以式之大小分高卑，两京兆虽三品，印亦银铸，则以天府重也。以上俱用九叠篆文，不知取义谓何，唐宋以来并无此篆法，盖创自本朝，意者乾元用九之意乎？"

　　沈德符对于"叠篆"的历史认知并不正确，但他所言"乾元用九"确实可信。清代对于叠篆的记述则多属文人臆造，并无甚实际价值。关于叠篆最初的源头，在《宋史·舆服志》中说"蜀中铸印官祝温柔，自言其祖思言为唐礼部铸印官，世习缪篆"，暗示叠篆出于汉代的缪篆。但这种说法并不可信。考察今天传世的汉印，只是印文方正，印面较为饱满，从未见到反复重叠的文字笔画，这当是时人的托名之说，只是为了给这种篆法寻找一个出处而已。

　　从实际的印面表现来看，叠篆最主要的功能是平衡印面，增强印面整体的整饬感。使得印面平均、饱满，产生威

①　[明]沈德符. 野获编［M］. 北京：中华书局，1989.

严感。这与宋代之后中央集权逐渐强化，需要权威的历史条件相一致。

　　关于叠篆来源，至今依旧没有一个明确的、受到大众认可的说法。有言其出于唐代篆书者，有言其出于道教印章者，皆有一定可信度，但同时也都没有寻找到确凿无疑的证据。又或者说叠篆是一个由多种因素所构成的存在，虽然来源已几乎不可考，但并不影响其在中国印章史中的意义。

诸制皆备

　　相较于前代，宋代印章印制更为完备。整体上来看，宋代的印制，是承接于唐代的。但在细化程度上，又要比唐代深刻得多。

　　隋唐时，官署印已经完全取代了官职印，到宋代，官署印的地位可以说完全确立。虽然还能见到以官职形式出现的官印，如"（元丰）四年诏三省印，银铸金涂，'给事中印'为门下外省之印，'舍人印'为中书外省之印"。①但这些印在使用程序上也完全是依照官署印的制度来进行的。

---

①　［宋］马端临.文献通考·王礼考［M］.北京：中华书局，2011.

　　北宋中叶后，宋代在继承了隋唐以来对官署印的管理方法外，已经完全构成了自己的体系，并且对后世影响深远。

　　北宋初立，就设置了专门的铸印机构——少府监和文思院。《宋史·职官志》①载："凡车辇、饬器、印记之造，则

虎翼右弟（第）三军弟（第）五指挥弟（第）五都记，边款有"少府监铸"　　镇南军节度使之印，边款有"文思院"

---

①　[元] 脱脱等. 宋史·职官志 [M]. 北京：中华书局，1985.

少府监、文思院隶焉。"这一规定还在不断细化中，"凡进御器玩、后妃服饰、雕文错彩工巧之事，分隶文思院，后苑造作所，本监但掌造门戟、神衣、族节，郊庙诸坛祭玉、法物，铸牌印朱记……"

最初，文思院隶属于少府监，是其下属五院之一，铸造印记是由少府监直接负责，并不归文思院。但到了高宗"绍兴三年（1133），诏少府监并归文思院"①之后，两个机构就正式分离，文思院继少府监成为国家专门的铸印机构。

从现有的实物看，至少是在真宗咸平年后所铸官印的背款上，基本上都刻有"少府监铸"。南宋官印上则大多刻有"文思院铸"款。这或是少府监、文思院作为铸印机构最直接的证据。

此外，少府监、文思院在直接涉及官印的铸造外，还负责制定官印的形制。《宋史·职官志》载："元丰官制行，始置监、少监、丞、主簿各一人。监掌百工伎巧之政令，少监为之贰，丞参领之。凡乘舆服御、宝册、符印、族节、度量权衡之制，舆夫祭祀、朝会展采备物，皆率其属以供焉。"这其中所言符印等物之"制"具体到官印上来，指的就是官印的形制。

---

① 　[宋]马端临.文献通考·职官考［M］.北京：中华书局，2011.

在元丰改制前，少府监就一直
担负着这项职能。北宋时曾有少府
监的篆文官王文盛于仁宗景祐三年
（1036）两次上书，议定官印的形
制。在第二次上书时他说："旧例亲
王、中书印各方二寸一分，枢密、宣
徽、三司、尚书省、开封府方二寸，

开州司寇院新铸朱记

节度使寸九分，节度观察留后、观察使寸八分半，防御、团练
使、转运州、县印，寸八分。凡印，各上下七分，皆阔寸六分，
虽各有差降，而无令式以纪其数。"①仁宗肯定了他的建议，
"绍从其言，著于令"。②这当是少府监负责制定宋代官印形制
最为明确的记载。在南宋，少府监这一职能被文思院承袭。

伴随皇权在宋代的进一步加强，其在印章上也有体现。
宋代的印章被明确地分成了三级，皇帝所用印章称"宝"，
各级军事、行政机构印称"印"，其属吏及诸军将校印称
"记""朱记"。

这种明确的划分是之前没有的情况。在唐代，内府印章与
官署印有所区隔的情况已经出现，但没有这么严格的划分，可

---

①② ［宋］马端临. 文献通考·王礼考［M］. 北京：中华书局，2011.

以说是有不同层级关系，但依旧在一个体系之内，而宋代则成为了有明显区隔的两个体系。

在唐以前，玺、印并称，两者区别较小。一般来说，归属于皇权的印章多用"玺"而一般的印章多用"印"，但这并非绝对现象，只能说是一种约定俗成。在唐代，"玺"被改称为"宝"，共有八宝："神宝""受命宝""皇帝行宝""皇帝之宝""皇帝信宝""天子行宝""天子之宝""天子信宝"。

前文已述，宋代在很多制度上因袭唐朝，但更为复杂。在"宝制"上同样如是。宋代的"宝"数目庞大，较之前代数量增加了很多。

宋太祖曾沿用后周"皇帝承天受命之宝"和"皇帝神宝"，又自制四枚印章，除玉质"大宋受命之宝"外，还有"天下合同之印""御前之印""书诏之印"，黄金、玉石各一套。这三枚金印在宋太宗雍熙三年（986）"并改为宝，别铸以金，旧六印皆毁之"①。尔后继位的宋太宗还制有两枚御宝分别为"承天受命之宝""皇帝信宝"。以后每位皇帝即位、上尊号，都会刻制御宝："诸帝嗣服，皆自为一宝，以'皇帝恭膺天命之宝'为文，凡上尊号，有司制玉宝，则以所上尊号为文。"②

---

①② ［元］脱脱等. 宋史·舆服志［M］. 北京：中华书局，1985.

　　根据既有资料简单统计，可以看到仅在北宋从真宗至徽宗就有如下一些宝印，宋真宗朝制四枚：大中祥符元年（1008年）制"天下同文之宝"（金质）；天禧元年（1017）制"五岳圣帝玉宝""皇帝诏受乾符之宝"；乾兴元年（1022）制"受命宝"，文曰"皇帝恭膺天命之宝"。

　　宋仁宗明道元年（1032），禁中失火，玉宝被焚，当年九月，重新制宝。庆历八年（1048）制"皇帝钦崇国祀之宝"；皇祐五年（1053）制"镇国神宝"，据载其尺寸有一尺见方，可谓历代宝印尺寸之首。

　　宋徽宗时期共制有九宝，大观元年（1107）仿效唐制，制八宝，分别为"镇国宝""受命宝""皇帝之宝""皇帝行宝""皇帝信宝""天子之宝""天子行宝"、"天子信宝"。"镇国宝"印文为"承天福延万亿永无极"。"受命宝"印文为"受命于天，既寿永昌"，八宝的用途分别为："'镇国宝''受命宝'不常用，唯封禅则用之，'皇帝之宝'答邻国之书则用之，'皇帝行宝'降御札则用之，'皇帝信宝'赐邻国书及物则用之，'天子之宝'答外夷国书则用之，'天子行宝'封册则用之，'天子信宝'举大兵则用之。"[①]政和七年（1117）

---

①　［宋］马端临.文献通考·五礼十［M］.北京：中华书局，2011.

制"定命宝"印文为"范围天地，幽赞神明，保合太和，万寿无疆"。其后诏以"九宝"为称，以"定命宝"为首，"合乾元用九之数"。①仅在北宋时期，所制御宝就超过了三十枚。

南宋以降，大量内府印信、档案资料被金人夺去，此前大内所制印信，可谓十不存一，南宋初仅存"大宋受命之宝"和"定命宝"。几乎所有档案资料，都经历了一次重建。在宋高宗建炎年间"制金宝三：一曰'皇帝钦崇国祀之宝'，祭祀词表用之；二曰'天下合同之宝'，降付中书门下省用之；三曰'书诏之宝'发号施令用之"。②

从形制上来看，宋代无疑确定了影响后世的官印形制，自宋以后直到清末，官印形制几乎都没有什么变化。宋印的形制，是隋唐以来官印形制的定型和发展，它在纽式、款识、文字风格等方面出现的新形式与特点，标志这中国古代官印形制的完全成熟。

从制印材料而言，宋代选材更简单化，除皇帝御宝有用玉、金外，其他官印基本上为铜铸。在中国古代，玉有着非常特殊的文化地位。东汉初年的卫宏就曾说："秦以前以

① ［宋］马端临. 文献通考·五礼十［M］. 北京：中华书局，2011.
② ［元］脱脱等. 宋史·舆服志［M］. 北京：中华书局，1985.

金、玉、银为方寸玺，秦以来天子独称玺，又以玉，群下莫得用。"①所以自秦之后，以玉制玺成为帝王们的专利。宋代皇帝的御宝也是以玉质为主，金质的较少。皇太子之宝皆为金铸，只有真宗刘皇后和英宗高皇后曾垂帘听政，其"皇太后宝"和"太皇太后之宝"为玉质。"绍兴七年……礼官言国朝礼制，诸后谥宝，曾垂帘听政者则用玉，余则比用金"。②宋代一般官印的质料更为单一，虽未有唐代那样的明文规定，但却基本用铜。"宋因唐制，诸司皆用铜印"，③各级官署印章略有区别。级别较高的官署，如诸王及中书省、门下省、枢密院、宣徽院、三司、节度使、观察，使其印涂金，其余各级官印皆不涂金。

到了元丰年间，宋神宗改革官制，将原政事堂的职权分属门下、中书、尚书三省，三省恢复了实际地位和职权。为显示三省与枢密院的特殊地位，"元丰四年，诏三省印，银铸金涂"。④沈括在《梦溪笔谈》⑤中也有大致相同的记述："旧制中书、枢密院、三司使印并涂金。近制三省、枢密院印，用银为之，涂金。余皆铸铜而已。"从此直到南宋，三省和枢密院印皆用银铸。

① ［南朝·宋］范晔. 后汉书·传三十八［M］. 北京：中华书局，2007.
②③④ ［宋］马端临. 文献通考·王礼考［M］. 北京：中华书局，2011.
⑤ ［宋］沈括. 梦溪笔谈［M］. 上海：上海书店出版社，2003.

与前代相较，宋代官印印面尺寸进一步加大，且官职越大，官印越大。而且对于每级官员所使用印章尺寸有明文规定："宋制，天子之宝皆用玉，篆文，广四寸九分，厚一寸二分，填以金，盘龙纽。系以晕锦大绶，赤小绶，连玉环……饰以红锦，金装，裹以红帛，加红罗泥夹帕，纳于小盝，盝以金装，内设金床，晕锦褥，饰以杂色玻璃、碧石、珊瑚、金精石、玛瑙，又盝二重，皆装以金，覆以红罗绣帕，载以腰舆及行马，并饰以金。"宋代皇帝御宝基本都遵循这一通制。

史料记载中，只发现了三处特例，其一是真宗所制"皇帝恭膺天命之宝"，因用于封禅，仅方一寸二分；二是皇祐五年（1053）所制"镇国神宝"；三为宋徽宗制"定命宝"，是八宝后所制的第九宝，故方九寸。真宗刘后和英宗高后，因其特殊地位其宝尺寸也与皇帝御宝相同。

《宋史·舆服志》中还详细记载了别的官员的用印尺寸："后宝用金，方二寸四分……太子宝方二寸，厚五寸，诸王及中书门下印，方二寸一分，枢密院、宣徽院、三司、尚书省诸司印方二寸，节度使印方一寸九分，其余各机构官印均方一寸八分。最底层官员所使用的的朱记其制长一寸七分，广一寸六分。"从各地现存宋代官印实物看，至今尚未发现一方御宝及高级机构官印，所见均为中下级机构官印，如"平定县印"，边长5.5厘米，其大小与宋代一般机构官印的尺寸大体相当。

宋"平定县印"

从现在出土较多的宋代记与朱记实物测量，其边长大致在 5 至 5.5 厘米之间，与记载也基本吻合。

从隋唐时期开始，中国的官印纽式就基本固定。宋代帝王所用"宝"的纽式较多，皇帝御宝均为盘龙纽，只有徽宗所制"镇国宝"和"定命宝"为螭纽；刘、高二皇后所用宝也为龙纽，皇后和皇太子宝为龟纽。除此之外，其他各级官印均为长方纽，或称为撅纽、块纽等。

两汉直到南北朝时期，因为官印还需要随身佩戴，所以无论何种纽式，都有穿孔以系绶带便于随身佩带。隋唐时，虽然印章不再由官员随身佩戴，但印纽上的穿孔仍被保留了下来。直到宋代，穿孔才彻底消失。这也是宋代印纽的一个典型特征。

谈及宋代官印，还有一个最重要的特征便是背款。宋初，官印背款仅刻"××年×月铸"，从宋真宗开始，背款上加刻

"拱圣下七都虞侯朱　　　"保捷弟（第）一佰　　　"嘉兴府澉浦驻扎殿
记"，边款"端拱二　　　三弟（第）六指挥使　　　前司水军弟（第）一
年四月铸"　　　　　朱记"，边款"庆历　　　将印"，边款"嘉定
　　　　　　　　八年少府监铸"　　　　十六年文思院铸"

了铸印机构的名称，即刻为"××年少府监铸"，南宋时又改为"××年文思院铸"。

印纽或印背上端还刻有一个"上"字，以防钤反。这是宋代官印背款的一般形式。

南宋初有一段印制混乱时期，一些机构越权铸印，有的还将自己的名称刻在了印背。但此为特例，不是此时印章制度的体现。

印归礼部

印章的管理也一直是历朝历代比较重要的问题。隋唐之前，因为印章多为官职印，实际是归属官员个人管理为主。国家层面也并不太好监控。南北朝开始，有专门的机构进行管理，隋唐之际有所深化，但并未形成较为良好运行的规则和体系。对比隋唐之际，专门管理印章的人员在隋唐时期已经出现，但主要还是集中在印章的使用上，政府中并没有专门的部门进行管理，即除了制造以外，印章的管理在隋唐两代还是比较粗放，只是开始有了管理的意识。而宋代在继承隋唐的管理制度后，将其进行了深化，将印章归于礼部进行管理。

宋代的礼部对官印的管理，主要体现在对新印的颁发、废印的收缴和销毁。这一点在《宋史》中已经有了明确记载。《宋史·职官志》中说："礼部掌国之礼乐、祭祀、朝会、宴飨、学校、贡举之政令。……若印记、图书、表疏之事，皆掌焉。"在某种程度上，礼部承担的这些职能有点类似于今天行政机构中的秘书处与后勤处的综合。除了职能描述外，史料中也有宋代礼部管理印章事例的记载："神宗熙宁五年，诏内外官及黔洞官合赐牌印，并令少府监铸造，送礼部给付。"这说明，礼部在宋代已经成为代表国家，给各级官员颁发印记的部门。

　　除了印章的颁发，典籍中也可以找到宋代礼部在印章回收等方面的记载。如宋敏求（1019—1079，字次道，北宋大臣。编著有《唐大诏令集》，地方志《长安志》，考订详备。笔记《春明退朝录》，多记掌故时事，又补有唐武宗以下《六世实录》。）就在其所著笔记《春明退朝录》①中载："予治平初，同判尚书礼部，掌诸路纳到废印极多，率皆无用。"他在这一问题上，借鉴唐朝的办法，建议"今之废印，宜准故事碎之"。宋敏求所记录这些，为当时之事，不存疑问，通过这些记录，可以明确当时礼部对于废弃印章的回收管理。

　　对于回收后印章的处理，在宋神宗时，也有了明确记载："（元丰）六年，旧制贡院专掌贡举，其印曰'礼部贡举之印'，以废贡院，事归礼部，别铸'礼部贡举之印'。"可见当时对于印章的管理已经比较严格。每一枚印章都有其来源出处前后归属。

　　因为宋代官印实际上存在两个体系，内府中的印章也有自己的一套管理办法。宋朝禁中专设"内符宝郎"和"外符宝

---

① ［宋］宋敏求. 春明退朝录［M］. 北京：中华书局，1980.

郎"专门管理宝。"符宝郎四员，隶门下省，二员以中人充，掌宝于禁中。按唐八宝，车驾临幸，则符宝郎奉宝以从；大朝会，则奉宝以进，今'镇国宝''受命宝'非常用之器，欲临幸则从六宝，朝会则陈八宝，皆夕纳"。从这段记载中可以看到，宋朝对于宝的管理，已经非常规范。

在《宋史·舆服志》还有这样一则记载，在神宗元丰六年（1083）十二月，"诏自今臣僚所授印，亡残并赐随葬，不即随葬因而行用者，论如律"。这是史料中关于用官印随葬的记载。以官印随葬在汉代是比较常见的现象。但隋唐之后几乎没有发现，同时考虑到隋唐之后印制的变化，这条史料的内容也让人充满疑惑。

对比别的史料，可以发现这条诏令中的内容并不符合实际情况，不知是史书编撰者的错误还是这条诏令并没有实施。从中华人民共和国成立后至今的考古发掘情况看，宋代官印多为当时战败者所遗弃，或为战胜者所缴获，其出土地多位于古代遗址或江河湖泊之中，在大量宋墓中仅发现几枚私印而已，至今尚未见到一枚官印。这一现象也可以作为否认宋代有赐官印随葬的一个佐证。

宋代不仅有严密的官印管理制度，在钤印时也有许多复杂的规定和惯例要遵循，这些规定过于复杂，有时甚至连内行人也搞不明白。

大中祥符五年（1012），真宗皇帝在阅览河西节度使、许州知州石普的奏状时就发现石普用的是许州观察使印，这让真宗皇帝非常疑惑。事后还是经过宰相王旦的解释，才弄清了其中的缘由。因为石普一人持有节度使、观察使和知许州三印。

"节度使在本镇，兵仗则节度判官、掌书记、推官书状，用节度印；田赋则观察判官、支使、推官书状，用观察印；符刺属县，则本使判书，用州印……石普独书奏章，当用河西节度使印。"①

此外，若两个衙门共同办理一件事务，行文时只钤用级别较高官署的印章。"宋初，循唐五代之制，置枢密院，与中书对持文武二柄，号为'二府'院在中书之北，印有'东院''西院'之文，共为一院，但行东院印。"②与此相类似的是宣徽院有南院、北院之分。"南院资望比北院颇优，然皆通掌，止用南院印"。③

印章使用的泛化

在中国历史上，印章一直是权力和身份的象征，以及信用的凭证。但其初始阶段与权力密不可分，信用凭证只是附带属性而已。印章信用属性的凸显，还是要等到其使用泛化之后。

---

① ［元］脱脱等. 宋史·舆服志［M］. 北京：中华书局，1985.
②③ ［元］脱脱等. 宋史·职官志［M］. 北京：中华书局，1985.

　　长久以来的印学史研究，将这个过程过于提前了。因为"私印"这样物品的存在，人们长期以来都认为早在汉代，甚至更早，就已经有印章在全社会范围内使用的情况。但真实的历史中，印章使用的泛化，要比这晚的多。作为官方性质的使用，可以通过行政命令等来推行，但是民间自发的使用却需要非常适宜的土壤与环境。

　　在宋代之前，并不具备这样的社会环境。宋代是中国历史上生产力水平发展很高的一个时期，民间商业的盛行可谓历代之冠。除宋朝之外，历代都对商业有所限制，其发展是受到一定制约的。没有商业流通，就没有信用凭证需求的土壤，对印章的信用功能也就没有社会性的需求。

　　这从城市格局的演变中亦能看出一些端倪。唐代时城市中还有坊、市的界限，商业活动是受限制的，这是从周朝开始绵延数千年的城市划分规则。到宋朝，这种格局才被打破。同时宋代发达的商业，也扩大了市民阶级，在城市中多了很多平民，这些平民没有土地这样的生产资料，只能进行商贸或者手工业，又变相地促进了商业的发展。商业流通需要一定的信用凭证，这一过程是自发的，而最终形成印章作为信用凭证的普遍代表，还需要到元朝。

　　印章作为信用凭证在全社会范围内的泛化，有其历史必然性，也有一定的偶然性。信用凭证的出现是必然的，但以印章作为载体，在某种程度上则是偶然的，这与当时的社会风气，社会习俗都有一定的关系。

中国古代，社会风气和社会习俗的形成都存在一定的被动特性，其实今天也同样如此。往往明星的衣着打扮会成为"爆款"，每年各大服装厂商的发布会，也会成为潮流的风向标。

宋代印章开始在全社会范围内的泛化使用，同样存在这样的被引导性。这其中最关键的人物就是宋徽宗。

宋徽宗的历史评价呈现非常显著的两极分化情况，作为一个帝王他肯定是不合格的，但作为一个文化坐标他又是非常突出的。其本人的才华非常显著，加之又身处高位，所有言行对社会文化风气的引导作用非常突出。其书、画对社会的影响自不待言，其对茶的推崇也将宋代的茶文化推向了高峰。

宋徽宗"御书"印

如前所述，宋徽宗仿唐制，制作了"八宝"而后又扩充为"九宝"。实际宋徽宗使用的印章远不止此数。据不完全统计，宋徽宗在"九宝"之外还有各种图书印宝38方，分别为："御书"三方；"御书之宝"一方；"御笔""御画"各一方；"天子万年”"天子万寿""龟龙上珍"各一方；"河洛元瑞"二方；
"云汉之章""奎璧之文""华国之瑞""大观中秘""大
观宝篆"各一方；"政和"一方；"宣和"三方；"宣和御
览""宣和中秘""宣和殿制""宣和大宝"各一方；"宣和
书宝"一方；"宣和画宝"一方；"常乐未央"一方；"古
文"二方；"封"四方……以上33方，全都是用玉刻制。此外
还有"御画""封"各一方是用玛瑙刻制，"政和御笔"用水
晶刻制。[1]

　　这些印章在金国攻陷汴梁之后，全部被掳去北上。在此后
金国每逢大朝会都要将八宝及胜国宝陈列于廷，用以炫耀其武
力强大。遗憾的是，这些印章的原物皆已失传，只能在传世书
画作品中看到部分印记。

　　目前能见到的宋徽宗印迹，有徽宗内府鉴藏印"政和"
连珠印二枚，"政和"长方形印一枚，"宣和"连珠印一
枚，"宣和"长方形印二枚，"宣和中秘"长圆形印一枚，
"双龙"圆形印一枚，"双龙"方形印一枚，"御书"瓢形
印二枚，"御书"大方印一枚，"内府图书之印"大方印一
枚等。

---

① ［清］朱象贤. 印典［M］. 北京：中华书局，2011.

宋徽宗"政和"年号印   宋徽宗"双龙"方形印

    宋徽宗在位24年，共用了"建中靖国""崇宁""大观""政和""重和""宣和"六个年号，其中"政和""宣和"期间有年号印传世。宋徽宗的这些印章，乃作为鉴藏标记为主，是作为个人凭证的存在。他的这些行为无疑为印章使用在宋朝的扩大化带来了先声。

    之后南宋的首位君主宋高宗，同样对印章非常重视，在具有行政意味的天子宝印之外，也拥有很多印章，同样用于内府的鉴藏。根据现存资料，略作统计，高宗的印章能确定的有25方。分别为"建炎"连珠印一枚，"绍兴"连珠印六枚，乾卦卦象圆印一枚，"御书之宝"大方形印一枚，"内府书印"大方形印一枚，"御府法书"大方形印一枚，"德寿宫书籍印"大方形印一枚，"德寿"连珠印一枚，"紫霄殿御书宝"大方形印一枚，"睿思东阁"大方形印二枚，"奉华堂印"大方形印一枚，"损斋书印"大方形印一枚，"机暇清赏"大方形印一枚，"内殿秘书之印"大方形印一枚，除以上20枚朱文印以外尚有"御书""睿思东阁""机暇清赏"瓢形"真阁"等四方白文印。

皇家对于印章使用的泛化，对民间的影响是深刻的。如果说宋徽宗是开先河之人，那么宋朝建立之时对文化的推崇，则是对这些行为最初基础的奠定，在此基础之上，才有印章使用逐渐广泛化的可能。

在书画作品上钤盖鉴藏印，自唐以来便有，但更多的是君主的个人行为，也没有形成广泛影响。唐代除了"贞观""开元"外没有别的鉴藏印，显然这是取决于君主个人喜好的。南唐后主李煜，对书画多有偏爱，其所藏书画就多押有"内殿图书""内司文印""建业文房之印""金陵图书院印""内合同印""集贤殿书院印""集贤院御书印"等印章。

南唐李后主"建业文房之印"

五代十国之际，大量珍贵的古代书画作品毁于战火，内府所藏书画也随之聚散。宋太祖立国后，优遇文人，北宋承了五代西蜀、南唐的旧制，于内侍省下设翰林院，对书画艺术发展有很大促进作用，也丰富了内府收藏。宋太宗即位也即"诏天下郡县搜访重拾墨迹图画"。①宋徽宗时候，在经历了七位皇帝共计141年的收藏后，内府所藏书画"充牣填溢，百倍先朝"②。作为宋徽宗这样对书画狂热爱好的皇帝，自然对此颇为欣喜，遂对这些秘藏书画进行重新装裱，题签，并且在书画作品中钤盖内府印章。

　　基础条件的具备，使用环境的形成，以及皇帝的助推，自然印章在宋代有了泛化使用的局面。印章的泛化使用，也带来了一些问题，宋朝在此基础上，也进行了不少制度修订。

　　看似"文弱"的宋代，较之前代，皇权实际是在加强的。印章这种具有一定权力意味的物品，自然也是在皇权的控制之下。虽然印章在宋代有了泛化的现象，但国家却对私人印章的制造做出了规定，要将权力象征和信用凭证进行区隔。宋真宗大中祥符五年（1012），国家对私铸印章下了禁令，规定士庶之印都要雕木为文，不允许私人铸造印章，"大中祥符五年诏，诸寺观及士庶之家所用私记，今后并方一寸，雕木为文，不得私铸"。③

　　因为木质不坚，在历史传承中多易损坏，这也解释了为何宋代私人印章存世稀少。迄今为止，发现的宋代木印也仅

---

①　［宋］郭若虚. 图画见闻志［M］. 北京：人民美术出版社，1963.
②　［宋］邓椿. 画继［M］. 广西：广西师范大学出版社，2015.
③　［元］脱脱等. 宋史·舆服志［M］. 北京：中华书局，1985.

有宜兴郊区南宋墓中出土的一组。这组印章印文有"信物同至""吴越世瑞"、"鸿雁归时好寄书"等。①其中"信物同至"、"鸿雁归时好寄书"二印是专门用于书信的，而且是专门制造用来出售的一种商品。这类印章还有如故宫博物院藏"顿首再拜"印、"谨封"印、"顿首谨封"印等印。在性质

故宫博物院藏"顿首再拜"印

上其实更类印章形式的商标，而非印章。

　　前文已经叙及，宋代印章"信用"功能凸显，在民间开始泛化使用，和这一时期社会商业活动的密切开展有很大关系。

---

①　孙慰祖. 唐宋元私印押记集存［M］. 上海：上海世纪出版集团，2001.

"一贯背合同"印

宋代四川地区开始使用一种类似于纸币的信用凭证——交子，在其上就需要钤盖多方印章，今天能见到的"一贯背合同"一印，就是当时用以钤盖商业凭证的印章，这与今天印章所承担的社会信用功能已别无二致。而这是在宋代才开始出现的情况。

宋代印章的泛化，加上文人群体的扩大，自然也会将这些风气带入文人群体中。而文人群体的审美意识、文字知识、考据知识等又会丰富印章的内涵。这也为后世篆刻的形成做了铺垫，构建了一定程度的基础。

这里涉及到一个篆刻定义的问题，如果将篆刻定义为需要文人自篆自刻，那么其产生在元末没有疑问；如果对篆刻的定义只是印章设计，那么通行的篆刻史的书写还要提前到这个时代。

与前代相比，这一时期文人自用印的数量有了较大增加，除了姓名印之外，宋代文人还创造了一些其他类别，有"别号印"，如欧阳修的"六一居士"印，苏轼的"东坡居士"印；

贾似道"秋壑图书"印　　　　　　欧阳修"六一居士"印

"郡望印"，如文同的"东蜀文氏"印，苏轼的"眉阳苏轼"印，"赵郡苏氏"印等；"斋号印"，如司马光的"独乐园"印，薛绍彭的"清閟阁书"印，赵孟坚的"彝斋"印等；"闲文印"，闲文印的内容则更加丰富；"收藏印"，如贾似道的"秋壑珍玩"印，"秋壑图书"印，"贾似道图书子子孙孙永宝之"印等。这些印的内容形式已经涵盖了元以后文人流派印章中的几乎所有内容。

印风流变

宋代印章主体也是铸、刻两种制造方式，其中铸是最主要的制作方式。刻只在皇室所用"宝"以及部分民间私印中存在。宋代铸造印章都是一次成型，只在铸成后经过一定的打磨工艺。唐朝时期的"蟠条印"在官印中已经不见踪迹，在民间

米芾"祝融之后"

米芾"楚国米芾"

因为禁止私铸印章，因此也不复存在。

宋代印章基本上是一次铸造成形，对比前代印章，可以看到其边框开始变细，渐与印文笔画粗细相同，总体形成"细朱文"的样式，印文也较之唐代官印趋于规整精致。除了前文所言因为皇权的加强，印章在宋代逐渐更具有威严感外，这也与宋代整体审美需求的变化有一定关系。这种审美取向，最开始只是在内府之中应用，而后又逐渐影响到了这一时期的文人，如米芾的"祝融之后""米芾之印""楚国米芾"等印，都具有比较明显的特征，这也成为元代文人直接取法的对象。元代赵孟頫的诸多印章，都有这种痕迹，甚至其"天水郡图书印""赵氏书印"中的"书"字与高宗"御书之宝""内图书印"中的"书"字的篆法都是几乎完全相同的。

文人的介入，开始将印章纳入审美范畴，或者说文人开始注意到印章可以作为艺术的构成之一。这在前代从未有过，米芾就曾评价当时的印章说："印文须细，圈须与文等……我祖秘阁图书之印，不满二寸，圈文皆细，上阁图书字印亦然。仁宗后，印经院赐经用上阁图书字，大印粗文，若施于书画，占纸素字画多，有损于书帖，近三馆秘阁之印文虽细，圈乃粗如半指，亦印损书画也。王诜见余家印记与唐印相似，始尽换了作细圈，仍皆求余作篆。"[1]他也已经开始书写篆书，参与到印章的设计之中，将其看作篆刻的肇始，也有一定的合理性。

辽、金、夏之印章

宋代在中国历史上的特殊性还在于，虽然文化上是以宋为主导，但在政治、军事上，终宋一朝，都是和少数民族政权并立。这种并立始终与战争相伴，即便不熟悉宋朝的历史，也多半在各种文艺作品中看到过关于宋代与少数民族政权战争的描写。北宋之际多对抗辽国，杨家将的故事已经被传唱了许久；北宋末年到南宋则是与金国对抗，《说岳》之类的话本，几乎是从宋代开始流传到了今天。这一过程，也是北方游牧民族逐

---

① ［宋］米芾. 书史［M］. 郑州：中州古籍出版社，2013.

渐汉化的过程，他们逐渐接受汉地的文化标准，开始更改自己的社会组织结构、文化体系，这也是中国民族大融合的最后一个阶段。此后大的民族矛盾基本就不再复现于中华大地。

因此，在研究宋代印章时，需要对少数民族政权印章专门讨论。辽国主要承接的是唐制，其立国时间更是早于宋。落到印章上，辽国并未形成太有特点的制度，在后世的研究中也多半将其印章纳入隋唐或五代体系，至今未见有专门的系统研究。

金国的印章整体上与辽类似，但金国受到汉文化的影响更深一些，其印章制度也有比较鲜明的一些特点。西夏作为地方政权，一直没有取得过政治上的主导地位，同时存在的时间较短，因此西夏的印章只是承接与模仿，再加上因为资料的匮乏，研究西夏印章的著述同样很稀少。在本节中，重点谈的还是金国的印章体系。

金国印章比较显著的特点之一，是其来源多样，并非全部出于自己铸造；在自铸的印章之外，还使用了大量来自于辽国、北宋的印章。"获于辽者，玉宝四，金宝二……'受天明命惟德乃昌'之宝一，皆方三寸……金宝'御前之宝……二宝金初用之。"①

---

① 　[元] 脱脱等. 金史·礼志 [M]. 北京：中华书局，1975.

　　这其中"受天明命惟德乃昌"是一方自五代传承而来的印章，最初是五代石敬瑭所刻，后为辽国所获。这方印章模仿的是始皇帝的传国玺，此印为天辅七年（1123）四月，金宗望与辽天祚帝决战时获得。金宗望献之于行在，金太祖"遂置玺于怀中，东面恭谢天帝"。①这是金最早获得的辽的一枚御宝。

　　到金太宗天会三年（1125）二月时，辽天祚帝被俘，辽国灭亡。五月，"萧八斤获辽玉宝来献"。②通过这一记载中可得知，当时辽国的所有宝玺此时已均收归金国。金国是从一个半游牧政权迅速发展而来，取得这一大胜时距其立国仅十年，还未形成详细的行政制度，因此在获得辽之御宝以后，金国皇帝并未将其作为珍玩，而是将辽国理政用得最多的"御前之宝"和"书诏之宝"当作本朝处理国政的工具，一直使用。

　　在金灭辽两年后，北宋亦覆灭，同样的情景，再度上演于汴京城下。"获于宋者，玉宝十五，金宝七，印一，金涂银宝五"。③1127年，金国"以宋二主及其宗族四百七十余人及硅璋、宝印、衮冕、车格、祭器、大乐、灵台、图书，与大军北还"。④金灭北宋，可谓达到其政治的最高峰，此后是两国不断拉锯的过程，直到南宋末。在这一过程中，金国不断汉化，丰富

①④　［元］脱脱等. 金史·宗翰宗望列传［M］. 北京：中华书局，1975.
②　　［元］脱脱等. 金史·本纪·卷三［M］. 北京：中华书局，1975.
③　　［元］脱脱等. 金史·礼志［M］. 北京：中华书局，1975.

着自己的行政文化体系，中原的礼乐制度、宋代的政治制度、官制，都深刻影响了金国。在印制上，从汴京掳掠而去的宋御宝中的八宝一直为金代统治者所沿用。在大的体系上来看，金国的印章同样被划分为内府所用御宝和寻常使用的百官印。

在金国自身政治体系建立之后，也开始自铸印章，"皇统五年始铸金'御前之宝'一、'书诏之宝'……又有'礼信之宝'用铜"。①金国对自铸的印章，进行了详细的功能划分，制度非常完备，可见政权的学习能力很强。其中"今所收八宝及皇统五年造'御前之宝'，赐宋国书及常例奏目则用之；'书诏之宝'赐高丽、夏国诏并颁诏则用之。大定十八年造'大金受命万世之宝'，奉敕再议。今所铸金宝宜以进呈为始，一品及王公妃用玉宝，二品以下用金'宣命之宝'。又有'礼信之宝'，用铜，岁赐三国礼物缄封用之"。②

宋代印章的管理机构主要为礼部，金国政权在行政制度上，对宋有大量模仿，因此在金国的印章体系中，管理机构依旧为礼部。"掌凡礼乐……制度、符印……正隆元年，以内外官印新旧及阶品大小不一，有用辽、宋旧印及契丹字者，遂定制，命礼部更铸焉"。③

---

①② ［元］脱脱等. 金史·礼志［M］. 北京：中华书局，1975.
③ ［元］脱脱等. 金史·百官志［M］. 北京：中华书局，1975.

　　目前发现的金国印章，多有刻款，部分刻"礼部造"（或"行宫礼部造"），部分刻"少府监造"（或"内少府监造"），金官制沿袭自宋，因此金礼部与少府监的关系也应与宋类似，于此不再赘述。具体到印章使用，金国已经开始有专门的人员监掌，对御宝的使用也有非常严格的规定，查其细则，与宋相类。

　　与宋相较，金代的御宝材料规定并未有宋那般严格，金、玉乃至银、铜都有使用。其中"大金受命万世之宝""宣命之宝"为玉质，而另一方"宣命之宝"和"御前之宝""书诏之宝"为金质，"礼信之宝"初制时为铜质，后改为银质镀金。但目前尚未发现一方真品御宝实物，所有的这些资讯，只是根据历史资料记载而来。

　　金代百官印使用的材料与宋相比有很大不同，依照品级高低不同，材质也有变化。三师、三公、亲王、尚书令印皆为金质；一字王印、诸郡王印、一品印、东宫三师印、宰执印为银质镀金；二品印，铜质镀金；三品至九品印以及不入流的朱记均为铜质。①从目前发现的百官印记实物来看，等级较低的铜质印占绝大多数。金质、银质镀金官印尚未发现。

---

① 　［元］脱脱等. 金史·百官志［M］. 北京：中华书局，1975.

　　形制规格上，金国印章也与宋印一样，遵循官职越高，官印越大的规则。在具体的尺度上金自制御宝中，仅有两方史有记载："'大金受命万世之宝'其制径四寸八分，厚寸四分，盘龙纽，纽高厚各四寸六分；'宣命之宝'其径四寸二厘，厚一寸四分，纽高一寸九分。"①

　　金国正隆年间，改定印制后，对印章尺寸有了详细规定"三师、三公、亲王、尚书令，方二寸……朱记一寸"。②从史料来看，这些规定已经非常完备，但到金国后期时，常有尺寸与之不符的印章出现，盖因为经过后期政局混乱，各地擅自越权铸造印章，造成尺寸不统一的情况。

　　纽式上，金国印章并无太多特别之处，主要还是因袭宋代。在御宝中所用纽式多一点，同时在百官印中，再度使用了龟纽与驼纽，"三师、三公、亲王、尚书令并金印，方二寸，金重八十两，驼为纽"。③下有小注"余王印纽同"，即一字王印、诸郡王印印纽也为驼纽。除此之外，橛纽依旧是主要的印纽形式，唯有少量印章的橛纽有变形，即纽下有台，如北京故宫博物院收藏的"副统之印"。隋唐以后各朝百官印记都是铸造而成，唯有金代官印有铸有刻，这也是其特点之一。

---

①②　［元］脱脱等. 金史·礼志［M］. 北京：中华书局，1975.
③　　［金］张暐等. 大金集礼·舆服［M］. 北京：中华书局，2017.

"副统之印"印面（左），印蜕（中），印身（右）
故宫博物院藏

在印学史中，金代印章最大的特点在于款识上，可谓是对隋唐以来印款的大发展。金代官印在印背、印侧多有刻款，内容较前代更为丰富。宋官印刻款只在印背，即背款，内容还很简单，只刻铸造机构和铸造时间，铸造机构刻于纽左侧印背，铸造时间刻于纽右侧印背；有的年号字多，右侧容纳不下，一部分移到左侧，与铸造机构一起刻出。

金印继承了宋印刻款中体现制造机构与时间的特点，但又增加了注释性的楷书印文、编号，谋安谋克印（笔者注：谋安谋克即金代女真人的基层军事和社会组织单位）中女真字印文及上下隶属关系等刻款。由于刻款内容的增加，印背已容纳不下，因而有些内容刻于印侧，即成为边款。

金印刻款最普遍的情况是印背左侧刻制造机构，印背右侧刻制造时间，印纽上刻"上"字以指示用印方向，印纽上方边款刻楷书印文。

"移改达葛河谋克印"其女真文边
款即刻在印体左侧

"谋鲁坚葛蛮谋克印"
边款有"礼部造"字样

　　边款刻楷书印文之目的因是为了快捷地辨认印文内容，所以边款刻楷书印文时多有省略印文中的"印"或"之印"，只刻官称或机构名称。金印中刻款内容最多的为谋安谋克印，它除了刻制造时间和机构外，在边款上还刻有女真字印文、汉字楷书隶属关系。

　　这类谋克印均是世宗大定年间所造，这与世宗极力保持本

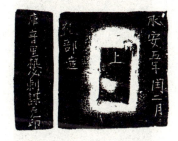

"库普里根必剌谋克之印"边款中写明了时间、部门以及印文内容，这是金代印章中最常见的样式

族习俗，倡导使用女真文有密切的关系。同时，谋克的施政对象是女真人，谋克一职也是由女真人担任，他们中必然有一部分人只识女真文而不识汉字，女真字印文的使用符合了他们的客观需要。谋克印边款上还有刻以汉字楷书隶属关系的，这是由于天会末年开始，大量东北谋安谋克向中原迁徙，地域变迁，谋安谋克的隶属关系容易使人搞乱，边款刻以隶属关系正是为避免关系混乱的做法。

金代官印将千字文编号纳入印文，此为官印制度中的首创。金印编号共有两个系统，主要是千字文编号系统，另一系统为"五行"（金、木、水、火、土）编号。

金印标准的刻款形式为后世的元、明、清所继承和发展，成为中国封建社会后期官印的一大特点。金印开创以千字文编

号的制度，为元、明官印编号
提供了范例，直到明末才开始
以年号首字作为官印编号，从
而取代了千字文编号。

　　西夏（1028—1227）位于
西北，是以党项族为主体的王
朝。其立国是为五代余绪在宋
代的延展。西夏的各类制度，
都是对中原的学习模仿。甚至
其文字的创立，也是对汉字的
仿造。在西夏覆亡后，西夏的
党项人也逐渐消亡，被各民族
不断同化。西夏文字也逐渐被
人遗忘。最晚到明代中期，西
夏文便已经成为了不为人所认
识的死文字。也因此，对西夏
印章的断代、辨读等一直无法
展开。时至今日，这依旧是一
个印学史中的谜题。

　　直到清嘉庆九年
（1804），武威著名学者张澍
（1781—1847，清代著名文献

"西夏碑"
武威市西夏博物馆藏

学家、学术大师，字百渝。）发现了"西夏碑"，这是迄今所见保存最完整、内容最丰富、西夏文和汉文对照字数最多的西夏碑刻。直到这时西夏文字才又能释读，并逐渐为人所认知。

到20世纪初，西夏文字的研究已经达到相当水平后，对于西夏印章的研究方才开始，但著录西夏官印的书籍要比这更早。最早著录西夏官印的是清末鲍康（1810—1881，字子年，道光间举人，官至夔州知府。考藏古代钱币，海内推为专家。著有《观古阁泉说》《清朝谥法考》《泉注》等。）的《观古阁丛稿》和吴云（1811—1883，字少甫，咸丰间总理江北大营营务及筹军饷，擢苏州知府。收藏鼎彝、碑帖、名画、古印、宋元书籍甚富，精鉴别与考据。）的《两垂轩彝器图录》，不过因此二人不识西夏文字，对其没有解说，甚至连是何印都不知道，只是当作古印收录书中而已。

直到罗振玉父子，才开始对西夏印有一定的辨读研究。他们也可算中国真正研究西夏印的开始。1914年，罗振玉之子罗福苌（1895—1921，字君楚，罗振玉次子。语言学家、历史学家。同其兄罗福成一起致力于西夏文的研究，创通西夏文的读法。1914年，撰著《西夏国书略说》一书，就《掌中珠》所载西夏文字考证出23个部首。英年早逝，时年26岁。）在《西夏国书略说》中收录两方西夏印，虽然数量不多，但已明确认定其背款文字为"西夏国书"，并定名为"西夏官印"。在研究西夏官印上，这是非常重要的一步。两年后，罗振玉在《唐宋

《西夏官印集存》书影

以来官印集存》中又收集7方。到1925年，罗氏所收集的西夏印章已达33方，并编撰了《西夏官印集存》一书，在其中对印背年款作了译释和考证。

　　此后还有王静如（1903—1990，语言学家、历史学家、民族研究专家。）、太田梦庵（1881—1967，太田孝太郎，号梦庵，日本岩手县盛冈人，近代著名的古玺印收藏家、印学研究家、书法家，寓居中国多年。与罗振玉、方若等著名学者交游，收藏先秦至唐宋元明清时期的古玺印一千余方。1920年至1932年陆续辑钤藏印成《梦庵藏印》《枫园集古印谱》及《续集》三谱。1949年又将所藏的陈介祺、王懿荣等旧藏八方玉印集成《好晴楼藏玉印》。著有《汉魏六朝官印考》《汉魏六朝官印考谱录》《古铜印谱举隅》《古铜印谱举隅补遗》等。）都对西夏印有了较深入研究。中华人民共和国成立后，伴随我国文物考古事业的发展，西夏官印不断有所发现。20世纪80年代，罗福颐与李范文（1932年出生，陕西西乡人，汉族，中国当代著名西夏学专家、语言文字学家。）合作编著了《西夏官印汇考》，基本集成了当时能见到的所有西夏印章，总共著录97方。

罗福颐、李范文著《西夏官印汇考》

这本书注明各印出处，译出印背年款、人名，结合史料进行考证，纠正过去考释之误，从而使这些官印成了研究西夏历史的重要材料。但总体来说，目前对于西夏印的研究依旧非常薄弱，只能大略观之。

在迄今能见到的西夏官印实物中，占绝大多数的是以西夏文撰写，铸造而成的铜质"首领"印，总数已过百方。绝大多数"首领"铜印都有背刻西夏文年款。西夏官印印文盘旋曲折，一直不为人辨识，最常见的"首领"二字印，也直到20世纪70年代初，才被黄振华释出。此后，李范文结合贺兰山西夏

西夏"首领"印　　　　　　　　西夏"首领"印面及印身

陵出土的西夏文残碑篆额的译释，掌握了官印印文的组字规律，方才使得更为复杂的四字印、六字印也得以译释。西夏官印大小基本与宋朝普通官印相同，一般在5厘米左右见方。

　　西夏官印制度，史书上未见记载，只能依据实物来描述其形制特点以考察其制度。《宋史·夏国传》中说西夏"设官之制，多与宋同，朝贺之仪，杂用唐宋，而乐之器与曲则唐也"。由此可大略推测西夏的官印制度。宋官印皆有款，西夏印章同样有背款，这些背款除了年款外，还刻有姓氏。西夏领地中，党项族部落外，还有汉、回鹘、吐蕃、契丹等民族，这些印章中的背款姓氏，除党项姓氏外，未见其他民族姓氏，说明党项族在西夏政权中的主导地位。官印背刻掌印者姓名，可能也是显示权威的一种表现。

　　自隋唐起，官印便皆用朱文，唯独西夏官印使用白文，有学者从字形构造上提出过解释，但西夏文的构成与汉字非常类似，所以这种说法难以让人信服，西夏印章用白文的原因目前还尚未可知。此外，西夏官印仍保留在印纽上穿孔的形制。其一可能是西夏有意强调其与宋制之不同，更主要的原因则可能是由当时西夏的政权组织结构决定。西夏的军队一般由部落首领率领，平时、战时，这些首领都有极大权威，纽上穿孔，很大可能是与秦汉古印一样，为了便于佩带，以作为身份象征与凭证。

元：文化和商业的碰撞

　　1271年，在取得对南宋的绝对优势后，忽必烈颁布《建国号诏》，取《易经》中"大哉乾元"之意，定国名为"元"，蒙古人开始了对中华大地的统治。

　　此时，成吉思汗的诸多子孙也在横跨欧亚大陆的广袤土地上，建立起了诸多国家，虽然名义上他们都以黄金家族为核心，但实际上这些国家早已彼此独立，其间也不乏征战。忽必烈更改国号，是在寻求入主中原的正统性，也是在寻求自身的独立性。

　　蒙古政权统治华夏的时间并不长，在中国历史上可以说是一个"短命"的王朝。但这个王朝带给中国历史的影响却非常深远。元朝带来的影响不是汉唐那样开天辟地的变革，也不是宋代那样的精致转换，而是交织着各种冲突，带有强烈民间朴茂气息的，对文化深层基因渐次的更替。

　　在正统的历史教科书中，从元到明清，被释读为封建社会的继续发展，但以客观来说，这一阶段的历史，在文化上是衰落的，不再拥有鲜明的富于时代特色的文化表征，没有再超越前代的文化高度。同时，中央集权进一步扩大，文明在日趋精致的同时也逐渐腐朽。

　　对比元朝和宋朝，可以发现一个很有意思的现象，宋朝已经建立起了庞大的文官阶级，行政体系精致到甚至可以说有些复杂。无疑这是在唐代行政机制上的进化，但是到了元代，其行政机制又逐渐向唐朝靠近，依旧是三省六部的底子，只是多了一些行政机构而已。这一现象的产生，便是因为入主中原的蒙古人根本没有能力运转宋朝复杂的行政机制；同时蒙古内部也在进化，迫切需要从简单的部落制向国家化转变，两者的结合才产生出了元朝这样的行政机制。

在元朝的统治下，各种起义此起彼伏，贯穿整个王朝的始终，即便在元朝初期也是如此。这充分说明元朝的统治是极不成功的，民间包括部分士大夫阶层，对这种统治都有强烈的反抗。元朝宫廷内部也非常混乱，权利斗争异常激烈，入主中原短短九十余年间，共有14任皇帝，算上北元的三十余年，在位的帝王数量更是多达21位。这种频繁更迭帝王的现象，足以说明政治斗争之残酷。

马上得天下的蒙古人，并没能在马上治天下。终元一朝，始终没有建立起统一的社会思想，也没能形成稳固的行政制度。元朝的统治者从未认识到思想对社会的作用，他们对各种思想兼收并用，对各种思想也几乎一视同仁，为了更好的入主中原，他们对儒家思想全盘接纳，这在一定程度上促成了理学在元代的融合。

元代理学的发展，也为明朝朱学与阳明心学的崛起提供某些思想的开端。同时，在汉族知识分子中，也同样有不少反对派的存在，他们要么避世乡间，要么著书立说宣扬自己的思想。虽然未在实质上影响元朝的统治，但各种思想的交融，依旧对元代的社会文化有很深影响。

　　同时，元代实行的四等人制度，将各个民族对立，也是社会思想割裂的根源之一，在机器大生产到来之前，游牧民族和农耕民族存在诸多矛盾。各民族的文化、传统都有很多相冲突的地方。

　　看似宏伟的大元，实际上不过是筑在沙堆之上的城堡，一旦失去武力的优势，各种被压制的社会矛盾便会在短时间内爆发，最终摧毁帝国的统治，元末到明初的历史也正是如此。

　　政府行政机制的不固定，社会思潮的纷繁复杂，都让元代中央政府对于地方控制力不足。这也在一定程度上让元代的社会生活变得更为多样。这种多样不在于社会活力，而在于社会生活的组织形式。

　　元代在一定程度上继承了宋代的商业行为，在同等社会条件下，商业持续处于比较发达的时期，也促使着社会基础朝着这些方面演变。因为蒙古人建立起了横跨欧亚大陆帝国的原因，元代的海外贸易也有一定程度的扩大，这种扩大并非单指意识或行为，而是在一个"同宗"的政权下，确实会带来很多便利，至少阻碍会降低很多。

　　元朝的社会环境和社会背景，是这一时期所有社会活动的根源与注脚，印学在元朝的发展与演变，同样服从于这一时期大环境的变化与影响。

略无新意的元官印

　　社会整体环境、文化的变化无疑对印章有着深刻的影响，但这一过程不可逆。印章基本对社会文化不会产生什么大的影响，只能说从印章中能看出当时社会的一些情况，同时了解到印章发展变化的成因。

　　元代社会的特征，在印章上的体现主要有两个方面。其一是在官印体系中，对于前代的继承和在此基础之上的一些变化。其二是私印体系在此时的真正发展，私印体系的发展，也成为了篆刻在元代产生的背景。

　　元代留下来的官印不算多，迄今为止有据可查的元代官印实物不过二百余方。留存至今的元代官印可分为出土与传世两部分。出土的元代官印主要集中在1949年以后，但所有发掘都是零散的，没有相对集中、大规模的出土，且大部分官印都是在生产建设过程中发现的。

　　与前代相较，元代印章最大的特征就是多种文字在印章体系中使用。在中国历史上只有元与清两个朝代在印章中使用了多种文字，但两者又有所不同。元代是一方印章的印文中只有一种文字，而清代则是两种文字混合在印章中出现，这也代表着两个王朝不同的民族观。

　　元代的蒙古统治者始终没有考虑过民族融合，将自己一直放在"统治者""客人"的位置上。清代虽然没有摆脱"满贵"的观念，但在一定程度上进行了融合，想要将自己融入到主流文化体系中。这种方式带来的影响无疑要深刻得多，清代灭亡十余年后，还有学者奉其为正统，乃至为其殉死，其间思想碰撞之剧，也足以引人深思。

　　除了汉字外，元代在官印中所使用的另一种文字为八思巴文。八思巴文，是13世纪中叶，元世祖忽必烈命国师八思巴为蒙古汗国所创制的文字，并于至元六年（1269）颁诏推行全国。"朕惟字以书言，言以纪事，此古今之通制。我国家肇基朔方，俗尚简古，未遑制作，凡施用文字，因用汉楷及畏兀字以达本朝之言，考诸辽、金及遐方诸国，例各有字。今文治寖兴，而字书有阙，于一代制度，实为未备。故特命国师八思巴创为蒙古新字，译写一切文字，期于顺言达事而已。自今以往，凡有玺书颁降者，并用蒙古新字，仍各以其国字副之"。①"八思巴文"属拼音文字，共有41个字母。当八思巴文作为国字颁行全国后，其推广却受到很大阻力。除政治和文化传统因素外，还因这种文字字形难以辨识，再加之使用时还仿效汉字篆书的写法，更加剧了识别的难度。因此虽然元廷屡次下令用八思巴文"译写一切文字"，但民间使用的主流还是用汉字。八

──────────

①　［明］宋濂等. 元史·卷二百二［M］. 北京：中华书局，1976.

思巴文最终主要应用于官方文件,不过其创制推广在一定程度上推进了蒙古人社会的文明进程。

在书写上,八思巴文为自上而下竖写,行序为从左至右,书体分正体(楷体)、篆体。八思巴文译写采用的是拼写原则,即根据这不同语言(主要是汉语和蒙古语)的实际口语来拼写它们的语音。今天能见的八思巴文官印多为译写汉语官印,在印背均有汉字对译。将八思巴文对译为汉字,是为了帮助不认识八思巴字的人了解印文的内容。但有的印文对译存在省略个别字的现象,如"某某之印",省去"之"字。

元代官印的印材比前代复杂多样一些,除了一些具有象征意义和礼仪作用的印章用玉石制作之外,其余多种金属也被广泛应用于印章制作中。只有皇帝和诸王才能用玉印和金印,正一品至正三品官员或衙门用银印,从三品以下官员及衙门均用铜印。"诸王印:三寸二分,赤金二百一十三两九钱,金镀银印。准上白银八十三两,镀金赤金八钱。正

八思巴文"元国书印"

一品印：三寸，三台，银八十两五钱。从一品印：二寸八分，三台，银八十两。正二品印：二寸六分，二台，银六十五两。从二品印：二寸五分，二台，银六十两……"①

在这段史料中还可以看到一个很重要特征，是元代官印所独有的，即按照官职等级的不同，在印体上有了"台"，官职越高印台层数越多。从这段史料中可以看到，元代一、二品官印有台，三品及以下则无台。从下至上按照宝塔形排列。此也说明元代官场当中等级制度更为严格，与其统治基调一脉相承。

元代官印在印纽上并没有太大变化，只是相对宋代印纽的高度会高一些。皇帝与诸王所用印的印纽，有盘龙纽、螭纽等。普通官员印章与前代差别不大，有的官印在纽的正上端还刻有一个"上"字，用来标识印文正反，这也是对前代的承袭。元代官印刻款形式依旧因袭，但内容有所变化。元代官印的刻款一般包括铸印机构和颁发时间及八思巴文的汉语对译。八思巴文印刻款均刻于印背，汉字印刻款刻于印背或印侧。

同时元代官印的印面继续增大，迄今为止所能见到的二百余方元代官印的印面几乎都在6厘米以上。与宋代一样，官

① ［元］元典章［M］．北京：中央研究院历史语言研究所，2016．（《元典章》即《大元圣政国朝典章》的简称，是元至治二年（1322年）以前元代法令文书的分类汇编。不由中央主持编定，是地方官员自行编修。）

职越高印面越大，如"统领释教大元国师印""灌顶国师之印""国师之印""白兰王印"等地位身份尊崇的人，印面达到11厘米左右。万户、千户、百户印也是按地位、等级的高低区分印面大小。

印制益严

元代官印在制作方式上与前代相比，并没有什么变化，宫廷玉印依旧是琢磨而成，普通官印则是铸造制成。技术上也没有明显提升。但在制度和管理上，有了一些变化。大略来说，印章的颁发制造等依旧归于礼部，但是有了专门的铸印机构，不再是多个部门管理。在使用上更为严格，每一机关都有专门的印章管理人员。

元代礼部，其职能为："掌天下礼乐、祭祀、朝会、燕享、贡举之政令。凡仪制损益之文，符印简册之信，神人封谥之法，忠孝贞义之褒，送迎聘好之节，文学僧道之事，婚姻继续之辨，音艺膳供之物，悉以任之。"①在礼部之下，有专门处理印章事宜的铸印局，其职责范围为："铸印局，秩正八品，

---

①　［明］宋濂等. 元史·百官一［M］. 北京：中华书局，1976.

掌凡刻印销印之事。大使一员，副使一员，直长一员。至元五年始置。"①这一机构一直延续到清代，甚至民国时期的印铸局也是因袭此而来。

在元代的官职设置中，还有广成局这一机构，是艺文监的下属，其职能为"掌传刻经籍及印造之事"。②有学者据此说其也掌印章之事，但此处所谓"印造"实为印刷，与印章并不相关。

元代在日常行政中，对于印章使用的重视要超过前代，管理更为严格。在很大程度上，这种对印章的严格管理，是因为元代的行政机构能力较之前代为弱，更需要这种严格的制度来保证管理命令与运行的顺畅。元代在中央的次级行政机构和地方所有行政机构中，都会设置"达鲁花赤"这一官职，它是由成吉思汗所创立，其功能和作用相当于"督官"，属于具有监察权利的职位。这一官职为蒙古语音译，其本意就是"掌印者"。在日常事务中，他们便有印章的使用、掌管权。

元代达鲁花赤，一般都由蒙古人担任，只在元世祖之前有少量汉人充任的例子，这一官职在明代完全消失。同时，元代每个机构，从中央到地方，都有"知印"这一官职。对于"知印"

① ［明］宋濂等. 元史·百官一［M］. 北京：中华书局，1976.
② ［明］宋濂等. 元史·百官四［M］. 北京：中华书局，1976.

达鲁花赤之印

八思巴文"管领本投下中兴
等路民匠南鲁花赤印"

的品级，《元史》中没有记述，是比较低级的文职官吏，品级应
随所述部门不同而有所不同。其职能明确为"掌执用省印"。[①]

繁盛的私印——元押

　　元代存在的时间不长，各级制度和管理都比较混乱，因此
在印学史上，元代官印的地位并不高，对其研究也不太深入；
但元代私印在印学史上却又具有非常重要的地位，可以说印学
史的肇始，元代私印的广泛使用，是很重要的基础条件。

　　"私印"一词，在印学史中出现得很早。先秦古玺中便常

---

① 　[明]宋濂等. 元史·百官一 [M]. 北京：中华书局，1976.

见有"私印"二字，但需要明确的是在宋以前，这种"私印"并非与"公"对立，其是为代表公权的官印的补充。当印章不再成为个人身份象征后，私印便不复再现。两晋至隋唐，便几乎不再看到类似先秦两汉的私印出现。

而到宋代，因为印章使用的泛化，这才有了今天意义上的私人印鉴的出现。在元代，这种私人印鉴使用得更为广泛，最终成为了篆刻这一艺术形式形成的社会土壤。元代的私人印鉴，因为多有花押，所以一般称为"元押"。因为使用的广泛，元押的存世数量较多，今天也算比较常见的古印。

花押，在汉代便已经产生，其使用应该是和纸张的发明推广同步，是个人标记在日常交流中的应用。南北朝时称之为"画敕"、"花字"等，唐代便已经称为"花押"了。但在唐代，这还只是少数人在使用，其普遍使用是在宋代。最开始只是文人以之作记，但在经历了宋代印章使用的泛化，私人印鉴大量出现后，到了元朝，花押与印章相结合，最终成为了数量巨大的押印。元代社会商业发达，从思想文化层面而言又比较自由，因此形成了元押在形制、文字、纽式上的多样性。可谓是民间私人印鉴有史以来的最鼎盛时期。元代押印作为私人印信，多以铜铸成，通常印体较薄，有带孔印纽，除了铜印还有玉、石、象牙、牛角等材质刻制而成，印文多是朱文。这种风格的形成是受隋唐官印体制转变的后续影响。

元押印在文人篆刻兴起后并没有引起重视，在很长一段时

"张"押印印面（左），印蜕（右）
中国印学博物馆藏

"八思巴文"押印印面（左），印蜕（右）
中国印学博物馆藏

间被认为"不雅"而被拒绝于艺术领域之外。在明代篆刻典籍中也没有有关押印的记载。直到清中期以后，才逐渐为篆刻家所认知、借鉴。清光绪三年（1877），杨守敬将其所藏的单字押印拓编入其选的《印林》中，并单独成册，这是印学史上第一次对押印的整理。此后清末民初年的赵之琛、赵之谦、吴昌硕等都曾临摹和创作过宋元押印。近现代的篆刻名家邓散木、

"吉利"押印印面（左上），印蜕（左下），印身（右）
中国印学博物馆藏

沙孟海、来楚生等也都仿过、刻过宋元押印。

时人也有对于押印的记述，如元代学者陶宗仪就在其《南村辍耕录》中说："刻名印，今蒙古色目人之为官者，多不能执笔画押，列以象牙或木刻而印之，宰辅及近侍官至一品者，得旨则用玉图书押字，非特赐不敢用。"今有学者对陶宗仪所说蒙古色目人多不能执笔画押是否属实提出了不少异议。应该说陶宗仪的说法和学者的质疑都有其合理性。陶宗仪所见多为蒙古的中低层官吏，他们很多确实没有书写应用汉字的能力，但在当时蒙古统治者的高层中，则不乏汉学精深之人。

商业活动对押印普及的促进

　　花押在元代的普及，还有一个重要原因是这一时期商业的发达，伴随商业发达社会对信用的需求剧增，印章天然具有的防伪性能，成为了这一时期花押印得以迅速发展的背景之一。这一点从元代印章大量用于商业流通领域可以看到。

　　元朝是我国历史上最早在全国范围内推行纸币的朝代，其纸币发行量之大、流通之广都远远超过了宋、金两代。我国古代的纸币管理制度也在元代达到了最为鼎盛的时期。其发行原因并非因为纸币便于流通，而是当时政府应对财政困局的一种手段，纸币发行的信用体系和保障体系在当时并未建立。元朝政府为了保证纸币在其统治范围内的顺利流通，制定了一系列措施，对于各个环节都有详细规定。

元代宝钞

　　在今天能见的印章实物及印兑中，便有很多是用于这些环节中的，如：印造宝钞库印、户部宝钞之印、提举诸路通行宝钞印、提举至元宝钞通行之印等，其中大部分未发现实物，只见钤于纸币之上。发现的实物只有"提举诸路通行宝钞印"、"江西等处行中书省烧钞库印"、"昏烂钞印"。

"江西等处行中书省烧钞库印"　　　　　　　　"昏烂钞印"
　　九江博物馆藏　　　　　　　　　　　印蜕（左），印面（右）

　　这些印章可大略分为以下两种：

　　"行钞印"为元朝政府为确保纸钞在市场上的正常流通，而在币面上所钤的纸币管理机构、印钞官署的官印以及其他印章。"毁钞印"是指负责烧毁纸币的主管机构的官印，以及为确保昏烂钞能顺利收回销毁、防止官员从中牟利而在纸币上加盖的印章。

　　这些印章的应用，是元代印章作为社会信用凭证的例子，商业流通的发达，促进了印章使用的发达，最终在元代末年，当印章成为一种社会使用日常习惯之后，文人开始自篆自刻，篆刻这门艺术形式随之产生。当篆刻产生后，印学也开始萌芽，中国的印章发展进入了一个新的历史阶段。由此开始，金属印章在中国的历史文化舞台上，呈现的作用与影响开始走向新的局面。

明清：官印体系极致而微
篆刻体系兴盛崛起

1368年的正月，朱元璋在应天（今江苏南京）登基，明朝建立。半年多以后，伴随着元顺帝的北逃，元朝覆灭，这是蒙古人在世界历史上最后的高光时刻，从此以后，曾经战无不胜，建立起横跨欧亚大陆帝国的蒙古人，在历史中只能充当配角，再未恢复过荣光。

伟大历史的开端，总是稍显乏味的。朱元璋在登上皇位的那一刻，并没有想到明帝国会朝着什么方向发展，更未想过这个伟大的、位于亚欧大陆板块最东边的帝国，将在此后几百年间，如何影响这个世界。

这一年的世界，除了明朝的建立与元朝的覆灭外，再无大事发生，甚至在东亚的这场巨变，还不为欧洲所知。但整个世界终究逐渐向着我们今天所熟知的世界演化。

印章是这场演化中小小的一个旁证，单独来看什么也不能说明；但将其放在历史当中，却可以看到中国政治与文化在这几百年间的演进历程。

单以古代政府的行政体制和权力模式来说，明朝可谓已经走到了顶峰，在近代化大生产到来之前，没有比明朝更先进的体制。清代也只是在明朝的政治体制上进行了一些修订。这种到达顶峰的政治体制，对文化和政治的影响是非常强大的。明朝的文化基因，继承于宋，但与宋代不同的是明朝的中央集权进一步加强。中央集权加强对文化的影响非常巨大，这也是明代文化特征形成的重要原因。

　　明代中央集权进一步加强，同时在政治、经济上都给予了权力体系内知识分子相当程度的优待。这会形成非常有意思的一个现象，即知识分子阶层在顶端创造力的逐渐缺乏和在各类技能运用上的逐渐娴熟。

　　以文学作品为例，在明代没有产生唐诗宋词那样惊艳绝伦的文学作品，诗词的高度一直没有超过前代，但文学作品却开始在这一时期泛化、俗化，不再是只由社会上层所独享的艺术。这固然与宋代开始的市民阶层的扩大有关，但更主要的还是在于很多知识分子阶层的人员参与到了这样的创作中来。这也造就了明清时期小说艺术的繁盛。

　　明代的书画也同样如此，没有构建起超越宋代的绘画体系，但在底层构建上却超过以往。

　　如果说宋代开启了文化从顶层向底层扩散的大门，明代则是将这一大门直接拓展成了通路。在明代之前，社会上几乎没有以绘画等艺术创作谋生的文人。宋元时期文人参与的绘画，要么是文事之余的创作消遣，要么是隶属于政府官办的"画院"，虽然民间不乏流传，但总体来说还是高高在上的。而到了明代，很多著名文人都以销售艺术品为生。到了明中晚期，当白银大量内流，中国的商业进一步发展之后，商品画更为普遍，甚至成为了一时的风潮。

　　如果说，明代的文人艺术家们开始鬻画时还有点遮遮掩掩，似是不得以而为之；到清代之后，文人鬻画则在某种意义

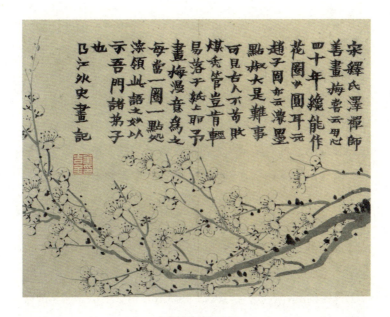

金农"梅花图册"

上成为了一种风潮。从清初到清中期的扬州八怪是其中的典型代表。清末的吴昌硕等海派艺术家，更是将艺术品交易推上了新的高峰。

在谈及这一问题时，需要再探讨一下中国古代关于艺术品定位的问题，这一定位的改变，对于艺术的发展有着很重要的影响。明代以前，当绘画、书法还是独属于社会上层时，其风格流变、艺术特征，都会受到社会上层文化偏好的影响。在宋元时，作为艺术品受众的主流知识分子大多不直接从事生产，更偏重精神世界的感官，所以宋代的艺术是以清淡、典雅为主要特征。而步入明代之后，伴随艺术向着市民阶层的扩散，诸多烟火气也交杂其中，这在清代中晚期达到中国古代的最盛。这也可以解释中国传统艺术的风格，在明清时期为何有了比较大的形式上的转变，这对印章的影响也是显而易见的。清代中晚期各种印学思想不断涌现，时至今日众多艺术家的创作依然没有超越这个范畴，其中固然有因为考据学的发达，新素材出现的关系，但更主要的，还是艺术的世俗化，拓展了其生命力。

明清的交替，具有一定的历史偶然性。从国力上而言，努尔哈赤所建立的后金政权完全无法和明朝匹敌。后金政权在战场上取得的所有胜利，都具有一定的偶然性，要么是明军战略失误，要么是因为明军内部的问题。虽然后金的战斗力要强过明军，但每一场胜利，从力量对比上而言，都不是碾压，甚至后金的军力还处于一定的劣势。

从战略上而言，即便当清兵入关之后，也存在退回关内的思想，甚至想效仿当时的蒙古人，劫掠一番即走。只是后来局势的演化，才让清廷坐定了江山。

从行政体制上而言，清代是明代的延续，基本的政策都因袭于明代，只是因为清廷见到了明代中晚期财政的崩溃，在税收制度上进行了调整。雍正的摊丁入亩，解决了中国两千多年以来的人头税问题，但这也只是制度的补充，而非更替。毕竟，在明代万历年间，张居正就已经施行了一条鞭法，开始尝试将人头税取消。

清代因为是少数民族政权，"夷夏"之别，成为了满清统治者最为关注的问题。他们采取了与数百年前元代统治者完全不一样的做法，在尽量保留自己身份独立性与特殊性的同时，在文化上要彻底融入中华文明之中。因此在清代，文字狱盛行，对思想的控制非常严苛，在继承明朝僵化制度的基础上，清代更进了一步，这在很大程度上，更加禁锢了文化的创造力与生命力。训诂学、考据学在清代的大发展，在很大程度上就是由于这种文化形态对于创造力和自由思想的压制。

清代的文化基本延续明代，无论从导向还是实践来看都是如此。甚至在清朝的皇室中，也可以看到皇帝在自己的画像里，模仿明人、宋人的穿着打扮。这充分说明了他们对于华夏文化的向往。

清代的文化无可避免地要受到很多政治因素的影响，同时清中期以后，伴随着列强的入侵，华夏文化也受到了不小的冲击。这些冲击一方面击溃了传统文化的部分基础，另一方面则打开了人们的视野，至少不遵循古法，有新的创造，

"雍正行乐图"故宫博物院藏

在当时看来就没有以往那么不可接受。清代中晚期，在篆刻这一领域中诸多思想和流派的涌现，也充分说明了这一点。

历史的发展，始终是具有两面性的。从元到清，是中国古代王朝逐渐"精致到腐朽"历程的展现，但这些残酷的历史却也在一定程度上进一步确立起了"中国"的大一统观念。

在唐宋时，只有关于民族观念的区别；元代时，将很多在唐宋还被视为"藩国"的地区纳入到大一统的"中国"概念里。明代对这种概念进一步加强，而满清作为少数民族政权，势必要更为强化这种观念，最终才形成了我们今天的民族观与家国观。

在明清两代这样的历史背景之下，文化艺术表现形式的内在逻辑便已十分清晰。将其放置在印章这一载体上，明清两代可谓是中国古代印章发展最鼎盛与辉煌的时期。官印体系进一步发展，与前代相比差别不大，无非是制度和管理使用上的调整。最为值得注意的是私印体系的大发展。私印体系在元代产生，篆刻是私印体系的重要构成，其发端是在元代末年。

毋庸置疑，私印体系是从官印体系中发展而来，而篆刻这种艺术形式，则是将日常使用印章艺术化，最终成为了中国传统文化皇冠上的明珠之一。

明清两代在在官印的印制上都没有太过突出的特点，可以看作是对宋代建立的完备制度的因袭。但同时在明清两代，又因为自身的政治环境等因素，有了一些细微调整。明清两代对这些史实的记载都比较完备，同时又有较多的文献实物和印章实物留存，因此今天对明清两代官印体系的还原，可以做到非常准确。

明代官印——古代印制的尽头

明代的官印，同样可以看作是两个体系，其一是皇帝所用的宝玺，其二是百官所用印信。"明初宝玺十七：其大者曰'皇帝奉天之宝'，曰'皇帝之宝'，曰'皇帝行宝'，曰'皇帝信宝'，曰'天子之宝'，曰'天子行宝'，曰'天子信宝'，曰'制诰之宝'，曰'敕命之宝'，曰'广运之宝'，曰'皇帝尊亲之宝'，曰'皇帝亲亲之宝'，曰'敬天勤民之宝'；又有'御前之宝''表章经史之宝'及'钦文之玺'。……洪武元年欲制宝玺，有贾胡浮海献美玉，曰：'此出于阗，祖父相传，当为帝王宝玺。'乃命制为宝，不知十七宝中，此玉制何宝也。成祖又制'皇帝亲亲之宝''皇帝奉天之宝''诰命之宝''敕命之宝'"。①

在这十七宝中，"皇帝亲亲之宝""皇帝奉天之宝""诰命之宝""敕命之宝"，此四宝为明成祖朱棣重制。究其原

---

① ［清］张廷玉等. 明史·舆服志［M］. 北京：中华书局，1974.

因，有两种可能，其一是朱棣取得这十七宝之后，嫌原来的宝玺制作不佳或选材不佳，遇到有好的材料后再行制作。其二便是宝玺损毁，需要重新制作。根据当时的实际情况来看，第二种可能性更大一些。

朱棣得位不正，是打进的南京皇宫，在皇宫中只发现了几具不可辨认的焦尸，被太监指认为建文帝和皇后及长子。多年以来，不管是时人还是历史研究者都不采信此种说法，认为这是朱允炆的金蝉脱壳之计。朱允炆在那之后也不知所踪。

作为皇帝，面临生死大劫，自然不太可能将象征权力的宝玺完整的留给叛逆者，要么毁坏，要么带走。这几枚玺印中，"诰命"与"敕命"二印，涉及到官员任免。明代规定，对五品以上的官员封赐授诰命，而对六品官员以下封赐则授敕命，有很大可能被建文帝随身携带；另二枚玺印，则或是损毁，或被带走。

朱棣登基后，为了承袭洪武旧制，以彰显自己的合法性，必然会恢复洪武所制十七宝，经历了宫变的人们自然是不敢明言此事的。朱棣的子孙肯定也对此讳莫如深，于是只能另寻借口补刻。《明史》中提到，不知胡商进贡的美玉刻制的是哪一方宝玺，但对照永乐皇帝新刻四宝，其中"皇帝亲亲之宝""皇帝奉天之宝""敕命之宝"在史载洪武所刻十六宝中皆有，只有"诰命之宝"没有记载。由此可知，《明史》上所说的，"不知……此玉制何宝"应为"诰命之宝"。

　　《明史》中准确记载了十七宝中十六宝的内容，有"敕命之宝"但未见"诰命之宝"，"诰命"品级比"敕命"高，显然这是漏记，因此那一方没有记载印文内容的，应该就是"诰命之宝"。

　　明代皇帝所用宝玺，为了凸显特殊性和权威性，所用材料自然也是珍贵之物，黄金、玉石皆有，以玉石为主。印文字体并没有采用当时在官印中普遍使用的叠篆，而是使用小篆，以示正统。

　　所有皇帝宝玺，都是朱文，或铸或刻，这与清代皇帝所用印章有所区别。清代皇帝的部分印章是白文，这或许与当时篆刻开始风行有一定关系。

　　在明嘉靖十八年（1539），嘉靖皇帝又"新制七宝：曰'奉天承运大明天子宝''大明受命之宝''巡狩天下之宝''垂训之宝''命德之宝''讨罪安民之宝''敕正万民之宝'。与国初宝玺共为御宝二十四，尚宝司官掌之"。①

　　自朱元璋所制十七宝后，整个明代只有嘉靖帝新添宝玺，其中缘由却已不可知。明代对于宝玺的使用管理制度更为严格，早在唐代便已经有专人管理皇帝印玺，随着时间的向前推

①　［清］张廷玉等. 明史·舆服志［M］. 北京：中华书局，1974.

移，制度越来越精细，到了明代更是形成了可称严苛的管理使用制度。

　　明代御宝经李自成进驻紫禁城等变革，所存者迄今未见。现今北京故宫博物院所藏只有印文与明二十四宝有相同者。但纽制、质地、尺寸皆与原国宝迥异。其制作当在明中叶成化时。共有十五方，其中"皇帝之宝"二方，"皇帝尊亲之宝"二方，"制诰之宝"一方，"广运之宝"四方，"钦文之玺"三方，"御前之

"钦文之玺"　　　　　　"大明皇帝之宝"　　　　　"皇帝尊亲之宝"
故宫博物院藏　　　　　故宫博物院藏　　　　　　故宫博物院藏

"广运之宝"　　　　　"御前之宝"　　　　　"制诰之宝"
故宫博物院藏　　　故宫博物院藏　　　故宫博物院藏

宝"三方。

　　大略来说，明代对于皇帝的印玺使用是由三个部分以及相应的机构来完成的。使用——尚宝司；监督——尚宝监；保管——尚宝女官。

　　其中，尚宝司是由"符玺郎"演变而来。"国初设符玺郎、秩正七品。后置尚宝司、升正三品衙门，设卿、少卿、

明宣宗朱瞻基绘"武侯高卧图",钤"广运之宝"
故宫博物院藏

丞,职专宝玺符牌等事。洪武元年改正五品衙门"。①明代皇帝对尚宝司这一部门非常重视,不单是职级从最初的正七品升到了正五品,而且人员构成也从最初的符玺郎演变成由卿、少卿、丞三人构成。同时尚宝司成员的遴选也非常严谨,"以侍从儒臣、勋卫领之,非有才能不得调。勋卫大臣子弟奉旨乃得补丞。其后多以恩荫寄禄,无常员。"②明太祖朱元璋也曾说:

---

① ［明］李东阳. 大明会典·卷二百二十二［M］. 南京:广陵书社, 2007.
② ［清］张廷玉等. 明史·职官志［M］. 北京:中华书局, 1974.

'"宝乃乾符也，特谨以示信。非忠勤无伪之人，安可职于尚宝耶？"①

　　到了明中期以后，尚宝司的官员大多通过"恩荫"的方式选入。这些被"恩荫"之人，都是深受皇帝宠信的大臣的子孙后代，皇帝也由此来确保皇权不会旁落。

　　尚宝司握有"掌印之权"，其职责可划分为四个方面。一是参与宝玺的使用。

　　明代御宝一般由尚宝女官保管在皇宫的某个固定地点，一旦需要使用御宝，那么先得把文书递交给尚宝司查对审核明白，然后尚宝司至"尚宝监请旨"，最后至尚宝女官那里领取宝玺，使用完毕后要即刻归还。二是参与"东宫用宝"。即尚宝司官员和尚宝监官员一起，"于文华殿用"②。三是可以亲自使用某一类宝玺。据《大明会典》记载，尚宝司可以使用"制诰之宝"和"敕命之宝"。"凡诰敕等项写完，尚宝司官员通同尚宝监官员于皇极门用。"四是参加重大礼仪活动，携带宝印侍奉于皇帝左右。"凡遇庆贺大礼。先期一日，本司官于御前奏请宝捧"。

　　尚宝监是明代宦官机构"十二监"之一，主要对宝玺的使

①　［明］朱元璋《尚宝卿诰》。这是朱元璋亲自撰写的对尚宝司官员的任命书。收录于朱元璋《御制文集》中。
②　［明］李东阳. 大明会典·卷二百二十二［M］. 扬州：广陵书社, 2007.

进行监督，尚宝司请宝使用，须经过尚宝监的同意。从某种程度而言，明代皇帝对尚宝监这一机构的重视还在尚宝司之上。或因为尚宝监的成员都是太监，是皇帝的亲近之人。

早在明朝成立之前，就已经有了尚宝监的雏形，但那时的尚宝监还未成为一个独立机构，而是"尚宝兼守殿、尚冠、尚衣、尚佩、尚履、尚药、纪事等奉御"①。到洪武末年尚宝监才定为常设机构。作为宝玺使用的监督机构，尚宝司的用宝过程中必有尚宝监的参与进行监督，其具体流程不再赘述。

尚宝女官并不参与宝玺的使用过程，它最主要的职责是保管宝玺。明代的女官共分为六局，其中"尚宝女官"隶属于"尚服局"，由"司宝二人，典宝二人，掌宝二人，女史四人"组成，职责是"掌宝玺、符契"。②

明代帝王对印章的态度，比前代更为严厉，使用、保管、监督，三者联动，进入了程序化非常严格的阶段。究其原因，还是因为明代皇权扩大，作为权力凭证的帝王印章在此时拥有了前代难以比拟的功能。为了维护这种权力，必然在使用流程上加强监管。这也是中国政治史的一个旁证。

皇帝之下，是数量庞大的皇室宗族。明代将藩王分封到各

①② ［清］张廷玉等. 明史・职官志［M］. 北京：中华书局，1974.

地，圈养起来，还拥有不少特权。在明代中期以后，分封到各地的藩王，已经成为了明王朝身上的巨大负担。明朝的灭亡，宗室也要承担不小的责任。但与之前不同，宗室的印章在明代的权力凭证能力有所下降，身份象征的功能反而加强。

对于宗室和各皇族成员的印章，在《明史·舆服志》和其他史料中都有详细记载，如《明史·舆服志》中就说："皇后：宝用金，龟纽，篆文曰'皇后之宝'，依周尺方五寸九分，厚一寸七分。宝池用金……皇贵妃而下，有册无宝而有印……其印用金，龟纽，尺寸与诸王宝同，文曰'皇妃之印'，篚饰以蟠凤。亲王册宝……其宝用金，龟纽，依周尺方五寸二分，厚一寸五分，文曰'某王之宝'。池篚之饰，与皇太子宝同……亲王妃册印……其金印之制未详。洪武二十八年更定，止授金册。公主册印……其印同宋制，用金，龟纽，文曰'某国公主之印'。方五寸二分，厚一寸五分……亲王世子金册金宝，承袭止授金册，传用金宝。世子妃亦用金册。洪武二十三年铸世子妃印，制视王妃，金印，龟纽，篆文曰'某世子妃印'。"

从这则史料中可以看到，并非所有的宗室皇族成员都有印章，拥有印章的也被分成两个等级，与皇帝亲近的为"宝"，其余则是"印"。承袭而来的王爵，也只能用传世的金宝，自己是没有印章的。这也充分说明，对宗室皇族而言，印章已是身份象征大于权力凭证了。

明代官印形制

　　明代的官制在中国历史上也是非常特殊的存在，既有宋代遗风的影响，同时在晚明又形成了大地主、商人和官员势力的相勾结。虽然明代中央集权极度扩大，但在一定程度上官员又和皇帝处在对立面上。除了明初外，皇权一直受到官员权力的制约，但明代所有帝王又都在寻求对于官员权力约束的突破。考察明代的百官印信，也是对这种历史关系的梳理。

　　在《明史》的《职官志》中有对百官印信很详细的记载："洪武初，铸印局铸中外诸司印信。正一品，银印，三台，方三寸四分，厚一寸。六部、都察院并在外各都司，俱正二品，银印二台，方三寸二分……惟在外各州从五品，铜印，方减一分，厚减五厘。正六品、从六品，俱铜印……未入流者，铜条记，阔一寸三分，长二寸五分，厚二分一厘。以上俱直纽，九叠篆文。初，杂职亦方印，至洪武十三年始改条记。凡百官之印，惟文渊阁银印，直纽，方一寸七分，厚六分，玉箸篆文，诚重之也。武臣受重寄者，征西、镇朔、平蛮诸将军，银印，虎纽，方三寸三分，厚九分，柳叶篆文。洪武中，尝用上公佩将军印，后以公、侯、伯及都督充总兵官，名曰'挂印将军'。有事征伐，则命总兵佩印以往，旋师则上所佩印于朝……惟正德时，张永征安化王，用金铸，嘉靖中，顾鼎臣居守，用牙镂关防，皆特赐也。初，太祖重御史之职，分河南等十三道……洪武二十三年，都御史袁泰言各道印篆相类。乃命改制某道监察御史，其奉差者，则曰'巡按某处监察御史'，铜印直纽，有眼，方一寸五分，厚三分，八叠篆文。成祖初幸北京……明初，赐高丽金印，龟纽，方三寸，文曰'高丽国王之印'，赐安南镀金银印，驼纽，方三寸，文曰'安南国王之印'赐占城镀金银印，驼纽，方三寸，文曰'占城国王之印'。赐吐蕃金印，驼纽，方五寸，文曰'白兰王印'。"与前代对比，明代百官印章的特点非常清晰，其所使用的材料范围比较广大，这和元代相似，与唐宋不同，金、银、铜都作为印材存在，还有象牙等特殊印材。在管理上又比元代严格。明代朝廷一、二品官员为银印，三品以下官员为铜印。但同时，对印材的控制非常严格，贵金属的印章并没有泛化，银印只有很少的一、二品官员方能使用。此外有两个特例：一是二都所在地顺天府、应天府，虽为三品衙门，但因在天子脚下，所以用银印以示贵重。二是"文渊阁印"，文渊阁是朝廷处理政务最为核心之地，是皇帝参谋团所在，大学士们虽只五品，但他们是皇帝的智囊顾问，权重如同宰相，所以用银印以示其高贵不同寻常。

　　在形制上，明代的百官印更多承袭了元代的很多特征，元代百官印上的"台"在明代被保留了下来，其作用功能与元代一致，都是以之作为身份的区别。明代的百官印信，依旧由铸印局制造，从技术层面而言，已经达到了中国古代社会的顶点；在技术细节上也与前代没有太大差异。铸印局在明代是礼部所辖的一个部门，其功能已经非常专业化和单一化。

明代百官印章在形制上还有两个特征，其一是印纽与前代相比，有一些特例的变化，其二是有了铜条记这种专供下层官吏使用的印章。

在明代的百官印里，等级越高，印章越是大而厚重，其中也有特殊情况，如"文渊阁印"，五品官署用银印，贵于同品级官署，而尺寸却又小于常制。五品官印应为"方二寸四分，厚四分五厘，"而"文渊阁印""方一寸七分，厚六分"。边长略小但厚度加大，甚为别致。再如监察御史，属于官职小而责任重大的官员，故朝廷对其特别重视。洪武初年，御史之印的文字并非官职，而是其职责"绳愆纠缪"；洪武二十三年（1390）才改刻"某道监察御史"。监察御史为七品官，按常规其印信"方二寸一分，厚三分"，但实际上其印"方一寸五分，厚三分"，厚度比变边长少了六分。故王世贞谓"巡按御史用方印，其式最小，比之从九品巡检僧道

明"瞿塘卫前千户所百户印"

衙门，尚杀四之一"。①又如"惟正德时张永征安化王……用牙镂关防，皆特赐也"。部分皇帝特别看重的官员，在特赐的情况下，偶尔也用特贵重质地的金、象牙为之，一般人显然没有这种待遇。但不管其质地如何贵重，形制仍然不变。

明代朝廷大臣之印，都为直纽，与前代相似。但前代官印的直纽多方柱、方片形等，而明代官印则为椭圆柱形，上细下粗的，体势较长，无穿孔、饰物，非常朴素。不过明代百官印在印纽上有一些特例，这也是印章体系更为精细化的表现。一是将军印，制为虎纽，别于他官。在将军印上使用虎纽，或者是取老虎的威猛之意，以期军队能威风凛凛、勇猛无敌。二是监察御史之印，其虽然是直纽但有穿孔，这是因为御史时常在外巡访，有穿孔便于栓绳携带。这里的穿孔已经完全是一个实用性功能，与汉印穿孔以系绶带完全是两回事了。

明代百官印最初皆为方形，与前代无差。后为了使未入流的官员与有品级官员有所区别，洪武十三年（1380）便将未入流官员的印章改成条记："各州县儒学、仓库、释递、闸坝批验所、抽分竹木局、河泊所、织染局、税课司、阴阳学、医学、僧道司俱未入流，铜条记，阔一寸三分，长二寸五分。"②

---

① ［明］沈德符.野获编［M］.北京：中华书局，1989.
② ［明］林尧俞.礼部志稿·卷二四［M］.文渊阁本四库全书.

明"碉门茶课司记"

　　在入印文字上，明代是历代对于官印所用字体规定最严格的，所用字体要求已经明确成文，除特殊情况外，"百官印信""俱直纽九叠篆文""九叠篆文"也成了明朝官印的别称。

　　官印在长期的使用过程中，也存在损毁等情况。印章的更换在隋唐之后的历代都是印章管理的一个方面。明代管理印章的同样是礼部，对于印章的管理相较前代，进一步制度化了。《大明会典》《礼部制稿》中都有相关规定，内容基本一致，即：各个衙门中的官印，只有当年代久远、印面磨损、篆文糢糊时，才允许申报上司铸换新印。旧印则收缴入部。如若印记"新降未久、挽奏烦扰，虽已铸换，仍将申奏"官吏治罪。若官印是崭新的，或者好用如初，那么频繁要求换印也是要被治罪的。换印条件只能是印章的损毁（遗失当论罪），印章在完好的情况下，即使衙门换了官吏，印也不予更换。

清代官印——对于明代的承袭

从历史研究的角度而言，清代的历史可谓是最易入手的，因为资料和实物众多，甚至在清史的系统性研究工作开始时，还有大量的当事人在世。但同时，因为这些资料的庞杂，也给清史的研究带来很多困难，光是资料的辨读便是一个浩繁的工作。

对于清代的印章研究，同样如此。清代的官印，不仅有非常详细的记载，也有大量的传世。皇帝所用的"宝"印基本全部保留，部分甚至还因为各种原因流落到市场上，经过拍卖为机构或者私人收藏。

清代的官印，大致可以分成两个时期来看，一是清兵入关之前，二是定鼎中原之后。在第一个阶段，后金并未建立其纯为行政的官僚机构，只有集体议政的形式，并未形成衙署。当时虽然有一些官印的形式，但并没有太大的实际行政效用。在整个清代的印史中，实是乏善可陈，对于其研究也不太多。

清太宗时期，由于进入辽沈广大汉人居住地区日久，此地发达的汉文化对新政权产生了潜移默化的影响；一批汉族知识分子，如范文程、鲍承先等，先后归附，不断推行汉族的行政统治方略。天聪年间始设文馆，此后陆续设内三院、六部、理藩院等衙署。到顺治元年（1644）五月，多尔衮入关后，于七月下谕"军事方殷，衣冠礼乐未遑制定，近简各官，姑依明式"①。此时，方可以看作是清代行政机构的完全确立，其所有机构设置、规章等基本都是因袭的明朝，印章制度也是如此。只是在后来的历史演进中，又根据统治者需要的不断丰富。

　　清代作为少数民族政权，要统治汉族占主体的国家，文化与思想的统一自然是其治理的重中之重。清代通过严苛的剃发令、圈地令，树立了统治民族的权威。在重要的权力凭证——官印上，也把满文与汉文一体镌入百官印信之中，这种满汉合一的政策，不单是一项制度，也是其重要的国策。

清"邓州僧正司记"

　　顺治元年（1644）五月，多尔衮抵达北京，六月底即颁"铸各官印兼用国书"②，规定不论汉文或其他文字入印时，印面必同时镌以满文。稍后，又初步规定了各级官印的质地、纽式、尺度及印文篆法，基本是对明代官印制度的承袭。在印文篆法的规定上，仅限于印文中汉文的用篆形式。

①　［民国］赵尔巽等，清史稿·世宗本纪［M］北京：中华书局，1998.
②　［清］赵尔巽等，清史稿·世宗本纪［M］北京：中华书局，1998.

至迟到康熙二十五年（1666），已陆续制作了29方御宝，即"皇帝奉天之宝""大清受命之宝""皇帝之宝""天子之宝""制诰之宝""敕命之宝"，以上为内宫收贮的方；而内库收贮的23方是"皇帝之宝""皇帝行宝""皇帝信宝""天子行宝""天子信宝""制诰之宝""敕命之宝""广运之宝""御前之宝""皇帝尊亲之宝""皇帝亲亲之宝""敬天勤民之宝""表彰经史之宝""钦文之玺""丹符出验四方""巡守天下之宝""垂训之宝""命德之宝""奉天法祖亲贤爱民""讨罪安民之宝""敕正万邦之宝""敕正万民之宝""制驭六师之宝"。因顺治朝多项制度承袭明制，玺印制度亦是如此。明代御宝的名称因而成为顺治初年仿制的范本。

在清代印史中，比较重要的事件有乾隆十三年（1748）改镌"二十五宝"，究其用意，还是乾隆为了凸显

清"大清受命之宝"
故宫博物院藏

自身统治的正当性，需要对以往的只有汉文没有满文的御宝进行重制。乾隆十三年改镌御宝，强调其印文一律改为满汉两体篆文，但不涉及改镌纽式，因为其所选印章跨越几个时代，所

以今天所见的"二十五宝"纽式工艺极不统一。

满文汉文同时入印，始终要面对一个问题，就是文字的统一性。最开始入印满文不用篆体，这与印文用篆体的传统相悖。直到乾隆中期，才最终将这些文字的使用形态完全确定。乾隆中期的官印，已经走到了中国古代官印的最终形态。最终乾隆钦定满文篆法达三十二种，名称均沿用汉文的各种称谓。把各种篆法应用到印文之中（包括乾隆帝的个人闲章）。

乾隆时期，对于印章制度的厘定，前后历时七年，始于乾隆十一年（1746）钦定《宝谱》，再经十三年改镌御宝而至于百官印信，至乾隆十七年（1752）全部改镌完成。乾隆时期，同时完成了印文满汉文均篆及界定不同篆体的应用范围的双重任务。印文的不同篆体由顺治朝初定的玉箸篆、九叠篆、柳叶篆，增衍至玉箸篆、芝英篆、九叠篆（即尚方大篆）、柳叶篆、小篆、殳篆、钟鼎篆、悬针篆、垂露篆共九种篆体，九种等级。为了便于登记造册管理，百官印均"印文清、汉本字镌于印背，年、月、号数镌于印旁"。[①]验之于现存此时期所造印信，款识形式基本都遵循这一制度。

清嘉庆、道光之后，国势渐微，各种制度开始松弛，印章

---

① 中华书局编. 清实录. ［M］北京：中华书局，2008.

同样如此。咸丰朝开始出现更改印宝质地的情况。至光绪末宣统初为预备立宪而制的几方宝玺，即"大清帝国之玺""大清皇帝之宝""大清帝国皇帝之宝""大清国宝"则改为檀香木质，现均藏于北京故宫博物院。从遗存官印实物形制上看，还有清季的包铜木印，应该是作为铜印的替代品。而且，此期印信的印文、款识，也出现了简略形式，印文有的仅为汉文无满文，有的不刻制作年代、编号等，反映了皇朝末年，各种制度管理上的松弛。清代官印体系的由盛到衰，也是从繁苛严密到随意为之，也是这个王朝在历史中的写照。

清代官印制造与管理制度

清代官印制造与管理，是对明朝制度的继承延伸，大的方略没有改变，只有具体执行上的修改。清代主要的官印制造机构依旧为礼部铸印局，但铸印局并非承揽一切官印的制造。清代官印的制造乃分为三个层次，御宝为最高等级，其次为百官印信，再次为文武佐杂僚属之钤记。

御宝，因为是帝王的象征，所以制造要求更高，不由一般工匠制造，而是礼部与内务府共同监制。因皇帝御宝多为玉质，其制造过程较金属质地的百官印更难。礼部铸印局所属工匠实难胜任，而内务府造办处系为皇家承造包括金玉珠宝等御用品的专门机构，拥有从全国各地招募而来的技艺超群的匠人，因将御宝委以这班人承造。

　　清代御宝与百官印信制造采取多元形式，是与清代把皇权绝对地置于官僚系统至高点的政治体制相联系的。

　　御宝所采用的玉箸篆体，是其它任何一级官职的印信不可僭越使用的，这是乾隆十三年定制的结果。清代各类印文篆体皆有其用意，"御宝用玉箸篆，诸王则芝英篆，文臣则有尚方大篆、小篆，钟鼎篆、垂露篆；武臣则有柳叶篆、殳篆、悬针篆，皆以位之崇卑为等，视汉唐以来官印专用一体书者，等威益辨矣"。①

　　清代各类有品级官员的印信，则由铸印局制造，位尊者为银，卑者为铜，与明代几乎完全相同，唯有人员配置上有一些小调整。

　　各衙门中的未入流佐杂人员的印信，属清代制印的第三等级。因佐杂人员职权不关要务，且所涉人员甚广，若都汇总至中央铸印局制造，必然分散其精力，对重要的官印铸造产生不良影响。权力下放，成为有效的解决方法。"乾隆三十四年谕：'佐杂等官卑人冗，所用止系铃记，若悉令由部颁发，事体尤属纷繁。朕意莫若交与各直省督抚，于省会地方定一镌刻

---

① ［清］刘锦藻. 皇朝文献统考.［M］杭州：浙江古籍出版社，1988.

铺户，如官代书之类。令佐杂钤记，即就官铺镌刻。但不许悬
挂包刻门牌，以除陋习。其余市肆，一概不准私雕，已足备稽
查而昭信守，于事理庶为允协。'该部即遵谕行"。①地方佐
杂用印由地方自行解决，不仅减轻了中央礼部铸印局的工作负
荷，而且缩减了中央财政开支。

　　清代官印铸造实行双重审核制，首为礼部，终为内阁。雍
正六年（1728）谕："向来铸造金银宝印，所用金银，皆有一
定成色。……嗣后著该部稽查验看……铸就之后，送内阁，著
内阁学士阅看，再行颁发，并将铸印及颁发日期存案备查。"②
礼部是铸印局的上司机构，印章铸成，经礼部自察自审后，还
要经由非上司机构的内阁终审，以确保本署上下机构间无包庇
回护，敷衍从事。这种审核制保证了官印质地、印文所代表的
权威性。清代官印左右两侧多铸有制造年月、编号，目的也是
为了登记存案、备查。

　　清代官印发放，分为几种途径。在京各部院朝官，自行
遣官领取。外官则按品级高下，权责轻重，采取不同方式，即
　　"在外文职府通判、武总兵官以上，专差赍文赴领；文知县、
　　武副将以下发提塘邮寄"。③

---

①② 中华书局编. 大清会典事例.［M］北京：中华书局，2012.
③　中华书局编. 大清会典事例.［M］北京：中华书局，2012.

对于地方各级官印需换发者，采取逐级审核申报制度，在由督抚上奏请旨，题本下吏、兵二部议准，最后下礼部。

御宝的保管、钤印，和明代相仿。乾隆以前，御宝分藏二处，即分别内宫收贮与内库收贮，而且以存贮内库为主，少数存于内宫。至乾隆十一年（1746）厘定《宝谱》时，已全部收贮交泰殿，此后再未更易其地。顺治十年（1653）设尚宝监，专责国宝收藏。顺治十二年（1655）增设尚宝司这一外官机构，与尚宝监同掌御宝之监管。旋于同年裁撤尚宝司，顺治十八年（1661）裁撤尚宝监，专令内监收掌，此制一直维系至清末。

清"钦天监时宪书之印"边款中
可见制造年月、编号

清代官印形制

清代官印自御宝而下依次为玉、金、银镀金、银、铜、木等各种质地。御宝质地以玉为主，兼用金质、木质。清乾隆帝御定"二十五宝"中，玉质者共二十三方。金质御宝为"大清嗣天子宝"，木质（栴檀香木）御宝为"皇帝之宝"。

　　从清代档案上可见，这方木质御宝常常钤于皇帝登基、大婚、册命后妃、发布金榜等重要诏书之上。其功用"以肃法驾"的涵盖面极广，因而它比其它任何一方御宝的使用频率都高，因而磨损大，更换频率高。

　　清代每年用宝次数已不可统计，文献亦未作明载。然而明代每年用宝次数却可作参照值。《明宫史》载，明代尚宝司于年终统计本年度用宝数上奏，其数约在三万余次。清代所涉朝政更为纷繁，使用的御宝次数不会低于明代。设若这方经常使用的"皇帝之宝"采用玉质，频繁使用，磕碰在所难免。而玉质脆，易崩碎，倘有磕缺，必是对皇权的亵渎。檀香木材较之玉质富有一定弹性，耐磕碰，且品质上乘，因此对最常使用的"皇帝之宝"，采用此质地较为合适。

　　较玉质印而略下者为金质印，清代主要是后妃中的太后、皇后、皇贵妃、妃及皇太子、亲王、亲王世子的册封印。验之于现存各种册封金宝，唯"皇太子宝"与此制度相悖，其余均合乎规制。另有对外的朝鲜国王印。这些金印只是身份的象征，不进入实际的钤印使用系列。

　　较金印为次者系银质镀金印，内有多罗郡王册封印，对外有顺治五年（1648）铸造的安南国王印，以及后来铸造的越南（代替安南之称）、琉球、暹罗国王印。此类均不是实用印。银质官印是除御宝而外的实际钤用印信中的最高品质。主要为一、二品要员用印，亦包括个别三品印。

　　铜质官印，是清代官印的大宗，此与历代制度无异。清代职官中三品至九品官印，不论其称为"印""关防"，抑或"图记""条记"，均采用铜质。至清末则出现包铜木印，应视为铜印的替代品。与当时铸造此种印信比例相关，此种印现

清"皇帝之宝"（木质）
故宫博物院藏

今存世最多。

　　木质印为清代未入流官所用印，包括文职佐杂人员，不兼管兵、马、钱、粮之武职官，以及各府县僧道阴阳医官与佐杂人员。此种印信不经久，且质地普通，又为微员所用，因而向不为人重视，现今所见实物不多。

　　在印纽上，清代与前代相比，多有变化，形式较前代为多。自宋代一改前代御宝螭虎纽为盘龙纽后，历代相袭均为龙纽。清代御宝亦采用龙纽，但又镌为不同的形式，即交龙纽、

盘龙纽、蹲龙纽三种，而以交龙纽为多。

　　龟纽是仅次于龙纽的等级。清代妃金印及和硕亲王宝、亲王世子宝、朝鲜国王印，均为龟纽。然而其龟纽与古印中龟纽形制不同。从清宫遗存的各种妃子印可见，龟的造型为首、尾均作龙形，只有身躯似龟而已。清代麒麟纽是比龟纽又次一级的纽式，此种纽式用于官印之上是清代的独创。麒麟纽为多罗郡王印之纽式。驼钮印系清代对外藩所赐印，如越南、琉球、暹罗等国王印。此外，还有云纽印为清王朝颁赐喇嘛上层统治者的印纽形式。

　　明代始于挂印将军印用虎纽，清代则广及公、侯、伯及一、二品高级武官及边政大臣之银质官印。又分为有台与否，以台之多少为其尊卑等次。

　　直纽印是清代绝大多数官印采用的钮式。其中既分为三台、二台与平台的不同等次，又有其形状上的细微区别。直纽三、二台的官印一般即为除上述银质虎纽而外的银印，三台者有“袭封衍圣公印”与宗人府印、各部、都察院、理藩院，印二台者为军机处、盛京五部、户部总理三库事务、翰林院、内务府、銮仪卫、各省承宣布政使司，平台直纽印除通政使司、大理寺、太常寺、顺天府、奉天府为银印外，均为铜质官印。清代官印之台，不如金代、元代官印有台者厚重，甚为轻薄，其等级象征性更为显著。其直纽的细微差别表现在，早期的直纽多为扁圆柱状，这是由辽、宋、金之百官印板状直纽形式演

变过渡而来，到后期多数演
变为圆柱。

清代官印分为正
方形与长方形两种，称
"宝""印""图记"者均
为正方形，称"关防""条
记"者为长方形。"关防"
大体上长与宽比例为3：2。

清官印中最大尺寸者
是御宝，其中最大者为"广
运之宝"，"方六寸，厚
二寸一分。交龙钮，高二
寸"。其所采用尺度为工部
营造尺，一营造尺折合今
制32厘米。换算后，"广运
之宝"的长、宽均为19.2厘
米，实测此玺尺度与此相
合。其他御宝一般多在3至
5寸之间，唯有几方白玉质
的"天子之宝""皇帝尊亲
之宝""皇帝亲亲之宝"三
方二寸有余，但不及三寸。

清银直柄钮
"景运门值班大臣之关防"
印身（上），印面（下）

清铜直柄纽
"庆丰司印"
印身（上），印面（下）

或以白玉不易得，故尺寸略小。百官印信，以宗人府、衍圣公为最，均为方三寸三分，厚一寸，而公、侯、伯、经略大臣、大将军、将军、领侍卫内大臣、各部、都察院、理藩院等一批银质印亦为方三寸三分，但厚九分。依次而下，边长、印厚呈递减之势。

清代系满族建立的政权，因而官印文字以满文作为第一要素，而汉族是其统治的主体民族，所以汉文居其次。从御宝到各级官印，多采用满汉两种字体。满文居左，汉文或其他文字居右。对边疆少数民族地区，则采用满

文与少数民族通行的文字，对管理少数民族事务的最高机构理
藩院，则采用满、汉、蒙古三体字。理藩院之前身为崇德元年
（1636）所设的蒙古衙门，且清代满、蒙两族关系最为密切，
故属中央机构的理藩院也以蒙古字纳入其印文。理藩院印是中
央机构中唯一使用三种文字的官印。

　　清代官印印文的第二个突出特点表现在印文篆体多种多
样，不同品秩官印对应不同篆体，使得官印不仅在质地、纽
式、尺度方面有尊卑高下之别，而且在印文篆法上亦加强其等
级制度。其中，玉箸篆体唯有"二十五宝"及后妃、皇太子宝
印方可使用，而亲王、亲王世子宝、郡王印则用芝英篆。以下
各种篆体分别对应于各级品官之印文。

　　清代官印印文布局形式，满汉两体者，满居左、汉居右，
一般均为两行。隋以前，官印以职官名称入印，印面文字很
少，仅四、五字印文，排列都有一定之规。

　　唐以后，官印以机构名称入印增多，真正成为官府印。
此类印之印文字数增多，即使以职官名称入印，印文中的职衔
文字亦很多。为了讲究印文的整齐排列，一般都是字行与字列
对称对等，印文字数不能等分者以"之"字平衡。清代官印不
具备此种特点，仅要求印文纵列整齐，不兼顾横行整齐，对
"之"字的使用采取随意的态度，大概是由于满文不是方块字
不能兼顾横行对齐，因而对汉文也就不再苛求。

　　清代官印多有款识，规范的形式既有背款又有侧款。以

乾隆十三年（1748）至十七年（1752）间改镌的标准官印形式为例，一般情况是印纽右部背款为官印印文，与"礼部造"两行汉字楷写；印纽左部背款为与右部对应的两行满文本字。印左侧款为编号，以当朝皇帝年号首字顺序而编；印右侧款为制造时间年、月。在清印制成熟前与衰落期，款式情况多简略、随意。最为简略者，只在印背上方镌一"上"字以指示用印方向，这是官印出现款识早期形态的孑遗。有的简略形式是省略背款的内容，仅镌编号与制作时间，其目的是便于登记造册的管理工作。

官印体系与篆刻的矛盾和统一

就官印体系而言，明清两代无论从整体的制度还是印章的形态，乃至制作工艺，都可谓走到了中国古代官印体系的顶点。在近代工业化到来以前，即便是民国时期和中华人民共和国在20世纪90年代以前的很多印章，在制作上都不如明清时期的精品官印。但在印学史中，明清两代的地位并不高，艺术上对于明清两代的官印只有批驳与不屑，历史研究者也甚少将目光投入这一领域。甚至可以说，明清两代的官印，是一个被遗忘的角落。

与之同时，很有意思的一点在于，无论是印学还是篆刻，其真正的繁盛都是在明清两代，将两者综合起来看，在历史学

视角下，明清的印章（涵盖私印体系与官印体系）是中国古代
印章中当之无愧的最高峰。

　　前文已经讨论过关于篆刻的起源问题，虽然早有人从事着
篆刻这一活动，但真正在当时就已经形成广泛社会影响的，还
是要等到明代的文彭（1498—1573，字寿承，号三桥。文徵明
长子。工书画，善诗文，尤精篆刻，有《博士诗集》。）。而
文彭生活的年代，已经是明代中期，他生活在明弘治到万历年
间，距离元末已经过去了一百余年。这一百余年的时间，在篆
刻史上几乎是空白的。

　　除开元代的吾丘衍，明代的印学研究差不多也是在万历年
间方才开始，虽然甘旸等人继承了元代吾丘衍、赵孟頫的一些
思想，但实际的创作过程却又与之相去甚远。

　　考察中国古代的金属印章，要在今天寻找到一个锚点，
始终只能落脚在篆刻上。只是囿于长久以来的"崇汉"思
想，对于隋唐直到明清的印章，人们都很忽视；而考察历
史，篆刻理论与实践其实存在很大落差。篆刻的实践，在很
大程度上是对当时官印体系的复刻，汉印的重要程度在可见
的历史实物中，并没有那么高，比较客观的说法，应当是与
当时的官印体系并列。

　　篆刻在某种程度上可以说是起于明（发端在宋元）到清
中期之后渐入繁盛。考察明代的诸多篆刻家，可以发现其所
创制的篆刻的基本体系已经成熟。今天的所有篆刻类型，除

了具有很强时代特征的以外，基本都没有超脱过明代所创立的这些范式。

清代虽然有皖派、黔山派等诸多篆刻流派的兴起，其实也是取法和选择对象的问题，并没有太多开创性的元素。在某种程度上，甚至可以说，篆刻在明代就已经是一种非常成熟的艺术形式了。

考察明代的这些篆刻家，研究他们的创作与官印体系之间的关系，是一种真实而客观的态度，也是为了还原历史的本来面貌，同时便于后来者们更真切的认识篆刻。

在谈及这些艺术家之前，还有一点值得讨论，便是篆刻这门艺术的扩散路径。与别的艺术形式的兴起与传播不同，篆刻不是自上而下的传播，而是文人们自发，甚至带有一些草根气质的传播。书法成为一种艺术形式，是因为上层士大夫的欣赏，具有一定程度上的引领效应。绘画更是如此，从官办的画院到商品画的过程同样清晰可见。当然，民间的壁画、墙绘不在讨论之列。因为直到清代，这些绘制墙画的艺术家们还被视为工匠，甚至在清宫之中，他们都在造办处领取酬劳。

在清代中期以前，篆刻可以说具有很强的地域性，篆刻家们都在江南一带活动，或者说只有江南地区才具有培育篆刻家的土壤。清中期之后，全国各地才开始出现非江南籍的篆刻家。究其原因，这或许与明代中期以后，江南经济、文化发达有关。明清两代虽然在对待商业的态度上比较僵化，但民间工商业发展程度还是很高，尤其在江南地区。在大的层面上，江南地区明清两代的私人海外贸易发达，盐业发达，造就了很多富可敌国的商人；在较小的层面上，江南地区的手工业也比较发达，丝织业、茶业、陶瓷业都有可圈可点之处。商业的发达，必然促进社会流通，增加社会财富，加之江南自宋以来便是文风鼎盛之地，因此，篆刻在清中期之前，在江南地区繁盛也在情理之中。

　　清中期之后，伴随文化扩散，人员流动，篆刻这门艺术形式才在全国范围内风行起来。其实今天再看知名篆刻家的生活地域，江南地区依旧在全国遥遥领先。在之前的所有关于明代篆刻的研究中，都有一个误区，即将篆刻或者印学理论与篆刻创作实践画上了等号，但考察明代的篆刻家与印学理论家，可以发现二者是有区别的。即篆刻理论家、印学家会从事篆刻，但不一定水平很高，而诸多篆刻家，在当时居于较高水平的，并没有很具有代表性的理论著作流传。

　　因此，印学家们所倡导的"崇汉"更多是在一种理论层面；篆刻的实际创作，仍然脱离不了当时的官印体系的影响。关于篆刻体系的延展，其最重要的时间便是明万历年间。万历年间，江南诸多篆刻家的涌现，方才将这门艺术推向了一个较为广泛的传播区间和较高的社会地位，这门艺术形式，最终于此成型。

　　苏州地区是文人篆刻的滥觞之地，随着历史前进，文人篆刻之风气才逐渐流播到苏州周边之常州、无锡、南京等地。整个17世纪，江苏一带的印人最多、印学讨论最为深刻、印谱编纂之风也最为兴盛。这一时期，著名的篆刻家可谓不胜枚举，诸如有文彭、顾苓、陈炳、胡正言、陈邃、汪关、林皋等，他们彼此间关系复杂，长久以来互相影响。因本书不考察他们的关系，只对生平做简要介绍，以作品来说明当时印章的取法依旧对后世的影响。主旨还是探索官印体系与篆刻的关系。

明代最有名的文人篆刻家当属文彭他留下的印章并不多，但也足够看出他的篆刻风貌。"征明"与"歌斯楼"二印，为文彭所作，明显可见其是在宋元朱文印基础上的变化与创作。

而前文已述，宋元时期朱文的取法，就是当时的官印，并非汉印遗风，而是更具有时代特征。

顾苓（1609—1682，字云美，明遗民，篆刻取法文彭，有时誉，工隶书，取法《夏承碑》。）是继文彭后苏州印坛上最为突出的印人，尤其是其朱文印，宛转流美而不失淳朴之意，对后人影响很大。论者对其评价甚高，杨复吉《论印绝句十二首》曾评到"白石元章著宋元，一灯不坠溯渊源。三桥余韵传吴下，继起端推塔影园"。顾苓流传的印作不多，其中比较有名的是"传是楼"一印，这方印章无论从结字还是线条来看，都与汉印可谓没有多少关系，反而与明代御宝的印文有诸多相似之处。

与顾苓同时，取法自他的苏州印人很多，陈炳即是其一。

文彭"征明"　　　　　文彭"歌斯楼"　　　　　顾苓"传是楼"

陈炳字虎文，虎纹，号阳山，人称阳山先生，其人工诗，有
《阳山诗集》十卷传世。但事迹今人多不知，仅在清同治年间
《苏州府志》中有其传纪一篇："陈炳，字虎文，性狷介，不
肯随俗，而意致高远，诗宗王、孟，又好镌印章，类顾苓晚喜
效赵宦光作草篆，年八十馀卒。与炳同里相善者黄中坚，字震
生，为诸生有声，屡试不售，遂弃举子业，肆力古文。"通过
段记载可以看到，陈炳在当时并不是著名文人，只能说是在地
方小有名气，以其当时的知识结构和财力、见识等，接触到汉
印并断代，是相当困难的，反而因为在地方小有名气，能看到
不少当时的官吏印章，由此可以大致推断出其作品来源。陈炳
印章传世很少，今天能见到的，是一方"雕龙绣虎"两面印，
曾有人评其取法汉印，实为大谬，其在边款所刻"仿古名印"
是时风使然，并非真正仿古，取法上除了陈炳的自出机杼外，
更多还是有元押的影子，也是对于同时代印章的模仿。

　　又如胡正言（1584—1674，安徽休宁人，后居南京，构

十竹斋，周亮工称其"年八十余，神明炯炯，犹时时为人作篆籀不已。"）的书法水平很高，篆刻上有作品流传，但是影响不是很大，其"栖神静乐"一印，是比较确实的作品，在其中可以看到元押花体的影子，同时又能看到其布局受到当时官印平正式样的影响，在某种程度上，也可以说明他篆刻的取法来源。

　　苏州之外，在明末清初，扬州一带最为突出印人当属程邃（1607—1692，字穆倩，号垢区、垢区道人、垢道人、江东布衣等，其先世乃安徽歙县岩寺人，生于上海，流寓南京、扬州等地，先后师事陈继儒、倪元璐等人，以诗文书画奔走天下。），在今天所见程邃流传下来的印章中，朱文、白文

陈炳"雕龙绣虎"双面印

皆有，其白文具有一定的汉印色彩，但在朱文印章创作上，定然是以同时期官印为范本，只是将官印中的叠篆变化为小篆，其边框与印面文字形成一定对比，整体印面均匀排布，都是当时典型的官印特征。

胡正言"栖神静乐"

在晚明的篆刻史中，还有一个非常重要的人物——汪关（1573—1631，原名汪东阳，字杲叔，安徽休宁人，寓居江苏娄县，因其客居娄东，后人称之为娄东派。可以说他直接影响了后来清末民国的元朱文体系的创立与创作。），精刻印，喜蓄印。

程邃"玉立氏"

后因于万历甲寅（1614）在吴市得到一方精美的"汪关"汉铜印，赏其精美，遂改名为汪关。明代李流芳在《题汪杲叔印谱》中评汪关："能掩有秦、汉、宋、元之长，而独行其意于刀笔之外者，不得不推杲叔。吾谓长卿而后，杲叔一人而已。"汪关在明末活动较多，留下的印作也很多，他给董其昌刻过一些印章，后被董其昌钤盖于自己书画之上，其中朱文"董其昌印"完全可以看作是当时官印的翻版，基本是当时官印模板的套用，不存在自出机杼的创作。又如他流传到后世的"麋公"一印，同样如此，无论是字与边框的对比关系，还是结字布局，都可以视作脱胎于同时期的官印。

与汪关同时期，创作风格也比较接近的林皋（1658—1726，清初篆刻家，字鹤田，更字学憗，福建莆田人，刀法稳健，挺拔道劲而不事修饰。）留下的作品较多，对其印作的分析，更能说明官印体系对当时艺术家们的影响。林皋所作白文印章部分有很强的汉印观感，但他最为有名的几方朱文印章，"杏花春雨江南""林皋之印""案有黄庭尊有酒"则全部是受同时期官印风格影响的作品。对于艺术和历史的研究，始终是一个客观与主观交织的过程，尤其在

汪关"松圆道人"

汪关"董其昌印"

汪关"麋公"

艺术研究领域更是如此。不管是为尊者讳，还是单纯的对前人的崇敬，都容易让人失却自我判断，将前人的一些说法奉为圭臬，虽然这些说法不一定正确。

初略考察这些篆刻家的生卒年，可以看到虽然文人篆刻是从元末明初发端，但其真正步入具有一定社会性的实践是在明中期，而获得一定程度的发展，已经到了明末清初。这些篆刻家中不乏有跨越明清两代的人物。

到清代中晚期以前，文人篆刻依旧是具有一定地方性的艺术形式，并没有走出江南地区。依照这种传承关系来看，清代的文人篆刻依旧深深处于金属印章的影响之下。清代的整体社会性艺术思维是僵化的同时割裂的。

僵化体现在对于社会具有引领性的艺术创作上，清中期以前属于文人士大夫的书法、绘画作品都因循前代，典型代表就是清初"四王"。而清中期之后，伴随通商口岸的开放，国家的社会、经济、文化都受到了不小冲击。产生出一些裂变，下层的社会文化需求又开始反哺"主流"社会，艺术品的商品属性逐渐开始出现。典型的就是这一时期"海派"绘画的兴起与出现，这些绘画作品，主要的消费人群是当时的具有一定文化、一定经济实力的社会普通民众。这种影响一直持续到今天。可以说，我们今天能看到的传统文化在艺术上体现的全貌，直到清中晚期，才完全成型。

在文人篆刻上，同样可以看到这种轨迹。

林皋"杏花春雨江南"

林皋"林皋之印"

林皋"案有黄庭尊有酒"

　　本书主旨，不在讨论文人篆刻上，因此对于明清两代的文人篆刻，只是简略谈及。清代文人篆刻，在前期是乏味的，甚至可以说有些枯燥的，是对明代的因循，虽然有"西泠八家"等想要打破这种藩篱，但在社会思维相对固化的情况下，这种努力并未成功，甚至显得有些"古怪"，而以邓石如、吴让之为代表的篆刻家的出现，在当时实际已经进入清中期，社会环境已经有了不小变化。

邓石如（1743—1805，初名琰，因避清仁宗讳，遂以字行，更字顽伯，号完白山人、笈游道人等），清乾嘉时期著名碑学大师。少好刻石，弱冠谒江宁梅镠，梅家多藏金石善本，尽出与石如，使专摹习。客梅氏八年，学既成，又客于两江总督毕沅幕府。三年后辞归。工书法、篆刻。书工各体，以篆、隶为最精，颇得古法，兼融各家之长，形成独特风格。清李兆洛谓其书"真气弥满，楷则俱备，其手之所运，心之所追，绝去时俗，同符古初，津梁后生，一代宗仰"。对清代中后期书坛有巨大影响。著有《完白山人篆刻偶存》等书行世。

邓石如虽是安徽人，但他的篆刻艺术起点，也在江南地区。他在自己的篆刻作品中求变求新，提出了书法与篆刻艺术的关系问题，但整体取法上，依旧有前代影子，可以说并不能脱离开金属印章体系的影响。

在他之后的吴让之（1799—1870，原名廷扬，字熙载，后以字行，改字让之，亦作攘之。清代篆刻家、书法家。包世臣的入室弟子。善书画，尤精篆刻。少时即追摹秦汉印作，后直接取法邓石如，得其神髓，又综合自己的学识，发展完善了"邓派"篆刻艺术。）虽然直接取法于他，但其作品中更见"金"味。

还有后来的赵之谦（1829—1884，初字益甫，号冷君；后改字撝叔，号悲庵、梅庵、无闷等。），他从青年时代起，

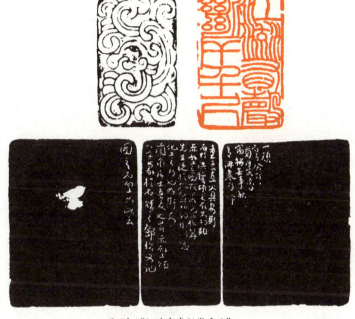

邓石如"江流有声断岸千尺"

邓石如"新篁补旧竹"

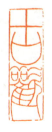

邓石如"古欢"

就刻苦致力于经学、文字训诂和金石考据之学，取得了相当的成就。尤精书画、篆刻。他是"海上画派"的先驱人物，其以书、印入画所开创的"金石画风"，对近代写意花卉的发展产生了巨大影响；在书法上，他是清代碑学理论的最有力实践者，其魏碑体书风的形成，使得碑派技法体系进一步趋向完善，从而成为有清一代第一位在正、行、篆、隶诸体上真正全面学碑的典范；在篆刻上，他在前人的基础上广为取法，融会贯通，以"印外求印"的手段创造性地继承了邓石如以来"印从书出"的创作模式，开辟了一个前所未有的新境界。赵之谦的篆刻成就巨大，对后世影响深远。近代的吴昌硕、齐白石等画家都从他处受惠良多。

邓石如"楚客"

赵之谦倡导的"印外求印"取法更广，但他所取法的对象，和金属印章关系很深，与其说是印外求印，不如说是打破了取法汉印的藩篱，将更多的古代金属印章关联性产物，都纳入到文人篆刻之中。

吴让之"兴言"

黄牧甫（1849—1908，安徽

黟县人，原名士陵，字牧甫，亦作穆甫、穆父，后以字行。晚年别署黟山人、倦叟、倦游窠主。）也是如此，他艺术的比较大的进步，还在于1885年到北京国子监肄业，致力于金石学，得到了盛昱、王懿荣、吴大澂等名家的指点，提高很快。他艺术创作的主要阶段是在广州的十八年，这也说明清中晚期以后，社会环境变化对艺术家的影响。

　　中国古代金属印章，主要归属还是在官印体系中，而代表政治权力的物品，在中国古代是会以举国之力去进行制造的。因此，中国古代的金属印章，实际代表的是一个时间段内的最高工艺、艺术水准。今人不能因为自身的理念和好恶而对其妄加否定。其对艺术的影响同样也是非常深远的。考

赵之谦"赐兰堂"

赵之谦"赵之谦印"

黄牧甫"陶父寓书"　　　　黄牧甫"器父"　　　　黄牧甫"美意延年"

察今天的篆刻，其源头是为二，白文印章多出自汉印，但其肇始是在元末，而朱文印章，尤其元朱文一路，其源头就是中国自隋唐以来的朱文印章，宫廷中的御宝，从事篆刻的文人不一定能见到，大概率还是来自于相对容易见到的铸造而成的百官印。对于金属印章的研究和正名，实际也是在为今天篆刻寻找源头，并汲取营养。

后记

在落下这本书的最后一个字时，复杂的情绪涌上了心头。似乎有些意犹未尽，但又感觉有点力不从心；同时，又觉得弄清了很多问题，心中有些通明之感。或许，这本书还存在很多的不足，但从我内心来说，我对这本书还是满意的，其中所展现的不仅是我多年的学习所得，更是站在历史角度对于印章史的整体书写，至少目前我还没有读到过同类著述，我相信这本书在一定程度上，对于印学也有开拓意义。

这本书的写作起源比较偶然，于印学而言，在写作这本书之前我并算不上太资深的研究者。关于印章，我更多从事的是艺术实践，从近十年前我开始尝试用金属铸造的方式来进行制印的艺术创作后，关于这种方式的诸多疑问便一直在我脑海中盘旋。为了弄清这些疑问，我开始研读史料，并进行多种制作方式的实践，两相堆砌，才有了写作这本书的冲动。

这本书从落下第一个字到完结，前后花了五年时间。在这五年时间里，我前后大约读了四五百万字的资料：二十四史中相关的舆服志、礼仪志、百官志，我几乎都读了一遍；其次还翻阅了不少著作，从《四库全书》刻本中的明人记载，一直读到了最近几年出版的各类印学著作；还参阅了大约七十余篇各类论文。其中所花心力也着实不小。

我并不太擅于使用电脑，古文功底也一般，在电脑上看二十四史以及《四库全书》的影印本，对我而言着实是一件辛苦的事情。夜深人静之时，常看得眼睛发胀，头脑中各种字句盘旋，不免有些头昏脑涨，若是再重复一次这个过程，我都怀疑自己能否再坚持下来。

但辛苦付出，总是有回报的。通过这本书的撰写，我对印学的认知进一步加深，在一定程度上做到了心中通明。这种认知的深刻与通达，无疑对我的艺术创作也有非常大的帮助。若我以后能有更大的进步，相信这段学习的经历，无疑是个很好的基础。

从明代印学产生到今天，印学的研究者主要集中于篆刻家和考据学家群体当中，某种意义上来说，印学研究实际是"小学"的一个分支，在中国的传统学术范畴里，"小学"研究有其局限性，即对细节探索的深刻和对历史整体宏观的忽略。这就造成了从明代到民国时期，所有印学的研究在细节上下了很多功夫，但对于印章整体的流变，则有所忽视。而以篆刻家的视角来研究印学，也同样存在偏颇，篆刻家更看重的是印章的美学价值，甚至有时并不太注意印章中这些美学价值产生的原因，因此也是颇多臆造的言论。

在这本书的撰写中，我尽量做到客观，所有提到的观点都在史料中找得到依托与凭证，关于印章的发展历程，我更愿意以其时的时代变迁以及社会生产力水平发展为证据。这本书中，有些观点比较"新"，甚至对于传统的说法有一定的颠覆性，但我相信，这些从史料中走出，并加以分析判断的观点，才更贴近真实，也是印章在漫长历史长河中。真实的面貌。

在传统印学中，印章被分成了两个体系，一是文人篆刻，二是官印体系。文人篆刻正式出现于元代，距今不过七百余年，官印体系，根据现有的实物判断，最少也在三千年上下，两者的历史厚度无有可比性。印学史的主体，实际就是官印体系。中国历代官印都是以金属制造为主，因此对于金属印章的研究，就是对于官印体系的研究，也是对于印学史的研究。这种梳理，更着重于体系化的梳理，而非继续着眼于一时、一印。

在这本书中，我前后提出了如下一些观点，这些观点与前人所言皆有些不同，但我认为其对于历史，是有真实还原的。

1.我对古玺汉印的使用方式提出了新的看法，在历来的观点中，古玺汉印主要用于钤盖封泥，但考察历史后发现，其作为身份凭证，用以"出示"或许才是主要的使用方式。

2.我在汉印的制造方式上，采用了新近的一些说法，即无论何种汉印，镌刻是主要制作方式，并非如以前所言，铸造是主流。

3.解读了汉印中的官印、私印之关系，其并非官府与私人的对立关系，而是指公权与个人，汉印中的私印，其实也是权力体系的一环，其制造与使用方式，也与"官印"相类。

4.印章的泛化使用，兴起于宋，盛于元，这与中国古代社会的发展息息相关，没有普遍迫切的社会交际需求，没有印章作为个人信用凭证以及个人代表意义的出现，不会有印章的泛化使用。依此反推，在汉代社会交流还不频繁的情况下，印章也不可能成为全社会普遍使用的物品。而正是由于这种印章使用的泛化，才最终催生出文人篆刻艺术。

此外，我在这本书中还详细讨论了印章从白文到朱文的变迁历程，以及其背后的历史原因。对于每个时期印章的使用、管理、制造等相关机构、方法也有比较详细的介绍。具体内容，还需要读者自行去书中寻找，在此我便不再赘述。

这本书定然还存在很多的不足，很多我在书中提出的问题依旧没有答案，其一是囿于我的个人能力，其二是史料记载的缺失。印章不是影响历史发展的重要物件，而典籍中所记载的所有关于印章的史料，更多也是使用规则，较少涉及制造等。

于印学而言，我还只能说是窥见了一角，依旧有更多的内容有待挖掘，希望这本书在给广大读者带来一点新观点的同时，也能有些许启发，愿群策群力，共促印学的发展进步。

曾杲

2021.6.10夜深于抱弥精舍

部分参考文献

典籍类：

　　［汉］许慎《说文解字》（附检字），中华书局1963

　　［汉］郑玄《周礼注疏》上海古籍出版社2010

　　［汉］司马迁《史记》岳麓书社2002

　　［汉］班固《汉书》中华书局1962

　　［南朝·宋］范晔《后汉书》中华书局2000

　　［北齐］魏收《魏书》中华书局1997

　　［唐］李百药《北齐书》中华书局1972

　　［唐］窦臮、窦蒙《述书赋》四库刻本

　　［唐］杜佑《通典》中华书局2016

　　［唐］房玄龄《晋书》中华书局1996

　　［唐］李延寿《南史》中华书局1975

　　［唐］姚思廉《梁书》中华书局1973

　　［唐］魏徵《隋书》中华书局1997

　　［唐］张九龄《唐六典》四库刻本

　　［唐］郑处诲、裴庭裕《明皇杂录东观奏记》中华书局
　　　　1994

　　［后晋］刘昫《旧唐书》中华书局1975

　　［宋］米芾《书史》四库刻本

［宋］司马光等《资治通鉴》中华书局2011

［宋］宋敏求《春明退朝录》上海古籍出版社2012

［宋］郭若虚《图画见闻志》人民美术出版社1963

［宋］邓椿《画继》广西师范大学出版社2015

［金］张暐等《大金集礼》中华书局2017

［元］脱脱等《宋史》中华书局1965

［元］马端临《文献通考》浙江古籍出版社1988

［元］脱脱《金史》中华书局1975

［元］《元典章》四库刻本

［明］宋濂／赵埙／王祎《元史》中华书局1976

［明］李东阳《大明会典》广陵书社2007

［明］李东阳《明会典》四库刻本

［明］陶宗仪《南村辍耕录》清光绪乙酉（1908）上海福
　　瀛书局重刊本

［明］王祎《王忠文集·卷二十一》《吾丘子行传》四库
　　刻本

［明］沈明臣《集古印谱序》四库刻本

［明］林俊《见素集》清文渊阁四库全书

［明］甘旸《印章集说》四库刻本

［明］朱简《印经》四库刻本

［明］陆容《菽园杂记》中华书局1997

［明］沈德符《野获编》中华书局1989

［清］张廷玉等《明史》中华书局1974

［清］朱象贤《印典》中华书局2011

［清］孙星衍等辑《汉官六种》中华书局2008

［清］《皇朝文献统考》四库刻本

［清］《大清会典事例》台湾中文书局1963

［清］张英等编撰《渊鉴类函》四库刻本

［清］瞿中溶《集古官印考证》天津人民美术出版社2018

［民国］赵尔巽《清史稿》中华书局1998

［民国］《清高宗实录》华文书局1949

［民国］罗振玉《隋唐以来官印集存》西泠印社2019

［民国］罗福苌《西夏国书略说》东山学社1914

［民国］罗振玉《西夏官印集存》1926年印行

著述类：

沙孟海《印学史》西泠印社1999

罗福颐《西夏官印汇考》宁夏人民出版社1982

王献唐《五镫精舍印话》齐鲁书社1985

罗福颐《古玺印概论》文物出版社1981

《汉语大字典》汉语大字典编辑委员会编纂四川出版集团2010

丛文俊《中国书法史》江苏教育出版社2002

李泽厚《美学三书》天津社会科学院出版社2003

任道斌主编《赵孟頫书画全集》浙江摄影出版社2017

黄浚《邺中片羽》民国三十一年（1942）北京尊古斋珂罗版

于省吾《双剑誃古器物图录》中华书局2009

马承源《中国古代青铜器》上海人民出版社，2016.

刘海宇［日］玉泽友基《日本岩手县立博物馆藏太田梦庵旧藏古代玺印》上海书画出版社2020

《中国印学博物馆展陈印章精粹》西泠印社2020

沈乐平编《历代元朱文印精粹》上海书画出版社2017

《中国历代篆刻集萃·唐宋官印·元押》浙江古籍出版社2007

［日］小林斗盦编《篆刻全集》日本二玄社2001

［日］片冈一忠《中国官印制度研究》

论文类：

黄宾虹《古印概论》

徐邦达《略论唐宋书画上所钤的公私印记》

孙向群《对宋代文人从事篆刻实践的进一步考察》

杨广泰《秦官印封泥著录史略》

汪桂海《汉印制度杂考》

孙慰祖《唐宋元私印押记集存》

陈国成《吾衍〈三十五举〉疏评》

叶其峰《西汉官印丛考》

代国玺《汉唐官印制度的变迁及其历史意义》

张振新《滇王之印"与"汉委奴国王"印的论证》

谢荔《历代关于秦汉印章艺术理论史略研究》

李超《秦封泥与封检制度》

陆锡兴《九叠篆的来龙去脉》

曾广庆《宋代官印制度略论》

牛达生《西夏官印》

仇文龙《西夏官印史》

代国玺《汉唐官印制度的变迁及其历史意义》

孙慰祖《西晋官印考述》

孙慰祖《古玺印断代方法概论》

任瑞金《赵孟頫美学思想研究》

王立《明清官印崇拜的文化渊源》

任万平《清代官印制度综论》

中

國

古

代

金

屬

冶

鑄

文

明